誰でもできる「TikTok集客」基本マニュアル

100万円単位でドンドン伸びる、売上に直結したビジネス系TikTok

大石ももこ　杉本幸雄

ぱる出版

本書は、２０２３年３月現在の情報をもとに執筆されたものです。

これ以降の変更や更新、改廃などによっては、本書と事実や現象が異なる場合があります。本書を参照したことによって生じた障害、損害等について、ぱる出版及び著者は如何なる責任も負いません。

まえがきに代えて

この本はSNSマーケティングの中でも、特に「TikTok」を活用し、本業の売上を上げるための「ビジネス系TikTok」の本です。フォロワー不要、バズらなくてOK、いいねを稼ぐ必要もありません。

2021年9月、TikTokは世界のアクティブユーザー数が10億人を突破したことを発表しました。日本に上陸して5年余り、TikTokは現在、国内外において、最も勢いのあるSNSです。

「TikTokが本業レベルのビジネスに利用できるの?」
「売上を上げるっていっても、副業程度のこじんまりした金額じゃないの?」
「TikTokは大人には無関係で、『若者のオモチャ』というイメージなんだけど…」
「どうせ、YouTubeの短いやつでしょ?自分は乗り遅れてしまったから、今さらやっても意味がないわ」

そんな声を実際、私は耳にタコができるくらい、これまでまじめな士業の方や中小企業の経営者100人以上から聞いてきました。

実は、それは思い込みによる勘違いです。

TikTokは「ビジネスに最適なツール」であなたも成功する可能性が非常に大きいのです。しかも、インスタ映えするような華やかなコスメやアパレル、飲食店だけでなく、私もそうなのですが地味でまじめ系の士業やコンサルタントなどの先生方にも向いているショート動画SNSなのです。

その理由はいろいろあります。

- あなたの同業他者の参入がまだ少なく飽和していないので、「先行者利益」を得ることができる。
- 実は、高所得で購買力ある大人世代や経営者層もユーザーである。
- バズらせる必要もフォロワーをやみくもに増やす必要もなく、TikTok AIがどんどんあなたのターゲットに拡散してくれる。
- 多額の費用を使ってタレントやインフルエンサーを起用する必要がなく、300円でプロモートできる。

- スマホひとつではじめられて、20秒も撮ればOKなのでハードルが低い。
- マネタイズまでの全体像がシンプルで、作業工程もパターン化できるので、あなたひとりで担うこともできる。部下や外注にもまかせやすい。

私のクライアントでは、地方のひとり会社で、ＴｉｋＴｏｋを活用してつくった売上が「毎月」１０００万円あるマーケティング会社の社長もいらっしゃいます。

つまり、数十秒程度の動画を定期的に投稿することで、起業して1年後に会社が億超えすることは可能ということです。

決して、夢ではありませんし、もちろん煽りでもございません。

ＴｉｋＴｏｋ動画に、社長自らが出演される方がいます。

すると、単に会社の説明や商品・サービスの情報を認知してもらえるだけでなく、社長自身の人間性やキャラクターにファンが付き、企業ブランドのイメージアップとともに絆（エンゲージメント）も強化されています。

かつて、「トヨタイムズ」のＣＭに豊田社長が出演したり、「ジャパネットたかた」で高田社長が自ら商品宣伝していたのと同じ効果をあなたも得られるのです。

TikTokであれば、無名のあなたでも大丈夫です。

たとえば、税理士の先生が「会計処理の豆知識や節税対策」、自由診療の歯科医師が「自院の特徴」を、集客コンサルタントが「マーケティング戦略」を長くても1分くらいで本当に簡単に説明しています。そこで、「この先生の情報は役に立つ！」と思った人が、事務所の扉を叩くのです。

つまり、問い合わせや申し込みのメッセージがあなたに飛び込んでくるという訳です。中には、「顔出しなし」で「テキストだけのお役立ち情報」を発信する人だっています。

そして、あなたに一番知っておいて欲しいのは、TikTokと既存のSNSであるYouTubeやInstagram、Twitterとの違いです。

TikTokはフォロワーがいなくても、「いいね」が全然押されなくても、AIがあなたの動画を視聴するのに最適な相手を選んで、自動でレコメンド（おすすめ）してくれ、結果として、投稿する動画の最初の1本目から多くの人たちにリーチし、視聴されます。

あなたがはじめて投稿した動画も、少なくとも100人前後には視聴されますし、条件がそろえば、初回から1000再生、5000再生を超えることも珍しくありません。

YouTubeやInstagram、Twitterなどでは到底、考えられない現象です。ＴｉｋＴｏｋのレコメンド主義という点が、ほかのＳＮＳでうまくいかなかった人でもＴｉｋＴｏｋでは下剋上を十分可能にしている仕組みです。

これまでよりも、商品・サービスを効率よく宣伝できるのは間違いありません。

さあ、次はあなたの番です。

「商品・サービスが売れない」と悩むのはもう今日で終わりです。

ＴｉｋＴｏｋという大きな可能性に満ちた「ブルーオーシャン」をライバルより先んじて、すいすいと楽に進もうではありませんか。ライバルがＹｏｕＴｕｂｅやＩｎｓｔａｇｒａｍ、そしてリアル営業のレッドオーシャンで疲弊しているのを横目で見ながら…。

◆ＴｉｋＴｏｋのメインユーザーは「34歳・年収６４６万円」

はじめまして、私は「ビジネス系ＴｉｋＴｏｋ動画」のプロデュースを行っている大石ももこ（おおいし　ももこ）と、杉本幸雄（すぎもと　ゆきお）です。

主にＴｉｋＴｏｋを活用し、さまざまな企業様・個人事業主様の「本業の売上ＵＰ」のお手伝いをさせていただいております。

大石につきましては、11年間の経理業務経験の後、起業し、1000以上のビジネス系TikTok動画の制作、100回以上の経営者向けTikTokセミナーの主催、編集ソフト「Premiere Pro」などを用いた制作者向けの講座などを実施しています。

そして中には、指導開始からわずか半年足らずでクライアントの本業の売上1000万円UPを実現した例もあります。

杉本は、Web販売戦略構築に25年以上携わり、2万回以上のコンサルを実施しています。

TikTok指導では珍しい存在で、以下のような実績を持っています。

- 1年間で1億円以上のマネタイズ
- リアル店舗もネット通販もTikTokで成功させている
- 士業や各種コンサルタントのほか、農家なども成功させている

これは、マーケティングの本質をTikTokでも活用しているのと、それぞれのクライアントにきちんとコミットしてきたからで、「さすが、これまで110億円以上も売った魔術師Ⓡですね」と言ってくださる方も最近では増えています。

私たちがクライアントの売上加算を実現できたのは、新しいツールでありノウハウが世にあまり出ていないＴｉｋＴｏｋに対して、自分が数多く実験台になって、ペナルティを受けることもよしとして、果敢に色んな戦略や戦術を試行錯誤した結果です。自ら「投資、体験、思考、ノウハウの蓄積」を超高速のＯＯＤＡループで繰り返して、効果的な方法を編み出したからにほかなりません。

実はＴｉｋＴｏｋ集客は成功しやすい「ある背景」があります。

それは「ＴｉｋＴｏｋの平均ユーザーは34歳・年収６４６万円」であることです。

「ＴｉｋＴｏｋは若者のもの」そんなイメージがついて回るＳＮＳですが、実際のユーザーはこのような属性なのです。

「34歳・年収６４６万円」の人に売れる商品・サービスはたくさんありそうだと思いませんか？

● 外食や旅行
● 小児科や内科、歯科
● 美容皮膚科

- 子ども服、洋服、スーツ
- 学習塾・進学指導
- スマホやＰＣ教室
- 就職活動
- エンタメ、書籍
- 家電、日用品
- 食品、スイーツ
- 資産形成
- コスメやダイエット
- 占い

もちろん、経営者や副業オーナー、起業志望の方もこの金額が平均収入であるのなら含まれていることも容易に推察できます。

- 税務会計
- 法務

- 知的財産権
- 法人設立
- 集客や営業支援
- Ｗｅｂ制作、動画制作

実際、今これらのサービスがどんどん「ＴｉｋＴｏｋ売れ」しているのです。

私のクライアントは、士業、師業、各種コンサルタント、クリニック、飲食店、農家、小売り（ネット通販・実店舗）、起業家など多岐にわたっています。

そしてほぼすべてのクライアントで、着実に売上が上がっています。

あなたの商品・サービスを本当に必要としている人は、ＴｉｋＴｏｋで出会うことができます。

あなたが今回はじめてＴｉｋＴｏｋの世界の扉を開けるように、あなたの商品・サービスのドアを叩いてくれる「未来のお客さん」に必ず出会うことができるでしょう。

ＴｉｋＴｏｋでは、これまでのあなたがターゲティングしていた属性の人たちに加えて、今までターゲットから外していた意外な人たちも顧客となるでしょう。私は自信を持って、予言しておきます。

◆「ＴｉｋＴｏｋ」×「課題解決・欲望満足」でビジネスが１５０％成長

「常識とか世間体なんんか、ぜんぶ無視だ！」

これはホリエモンこと堀江貴文氏の言葉です。（『非常識に生きる』小学館集英社プロダクション刊）

堀江さんはスマホが登場した頃、「スマホでは稼げない」「スマホはただの消費端末だからパソコンへ回帰するべき」という世間の風潮に反論し、話題になりました。

現在は、どうなったでしょうか。

スマホを持っていないビジネスマンはほとんどいません。

スマホだけで、億単位のお金を稼ぎだしている起業家だって登場しています。

なかでもＴｉｋＴｏｋは、まさに「スマホ１台で稼ぐ手法の代表格」です。

ＴｉｋＴｏｋを使えば、誰でもあっという間に自分のビジネスを拡散させ、売上の拡大につなげることができるのです。

詳しくは本編で解説しますが、本業レベルの「ＴｉｋＴｏｋ売れ」をさせるにあたって、超重要なポイントをここでひとつ紹介します。

それは、ＴｉｋＴｏｋがあなたのもうひとつの売上の柱となるための「導線」を最初につくり上げることです。

「どんな人に、どの商品やサービスを買ってもらいたいかを決める。（今、やっていることでＯＫ）」「それを買ってもらうなら、投稿していく動画の大テーマはどうするのが自然な流れか」ということを考えて決定しておくのです。

これは、あなたのＴｉｋＴｏｋアカウントのコンセプトであり、そして実際に売上を得るキャッシュポイント設定であり、ビジネス系ＴｉｋＴｏｋにおいて極めて重要な根幹であり核心です。

ここをきちんとやっていなければ、それこそ、やれフォロワーは何人だとか、どうすればバズるかなどに目的や関心がブレて、あなたの本業の売上には直結しない「おもちゃ」としてのＴｉｋＴｏｋに成り下がってしまいます。

私が考える「ビジネス系ＴｉｋＴｏｋの９原則」は次の通りです。

①売るためのＴｉｋＴｏｋ活用に徹すると決意する（フォロワーも「いいね」もバズも不要）。

②アカウントコンセプトと動画の大テーマを決してブラさない。

③キャッシュポイントは動画投稿をスタートする前に準備する。
④プロフィールは、TikTok用につくる。
⑤ブランディングはTikTok内も外でも合致させておく。
⑥動画収録は、社長出演が大原則。
⑦動画編集は自分でもやらなくてもいいし、完璧を求めない。それよりも数多く投稿する。
⑧ハッシュタグの使い方に命を賭ける（それほど重要です）。
⑨とにかくターゲットの役に立つ動画と、商品やサービスであること。

本書では、これらの9原則について、詳しく解説していきます。

今、ビジネスや人生に迷っている、過去に挫折したことがある、これから飛躍したいのだけれども…という経営者、起業家、個人事業主の方に次の言葉を贈ります。

「一人で行く人は今すぐにでも出発できるが、他人と一緒に旅する人は他人が準備するまで待たなければならない。」（『ウォールデン 森の生活』ヘンリー・D・ソロー）

本気で、未来のお客さんの幸せに役に立つと決意し、自分の商品・サービスの魅力を、自信を持って動画で伝えてください。

ＴｉｋＴｏｋを入口にして、稼ぎましょう。本書は、あなたがはじめてＴｉｋＴｏｋに「ＴＲＹ」して迷ったり、ケガをしないようガイドの役割を担っています。

応援しています。

もくじ

企画協力：潮凪洋介（HEARTLAND Inc）
編集協力：柴田恵理・小田るみ子

第 1 章

SNS で売上が上がらないのは「甘え」!?
TikTok でその他大勢から抜け出せる

◎売れないのは「不況」のせいではなく「あなた」のせい

お店に人が入らない。申し込みがない。契約が取れない…。

でも…仕方がない。世の中が不景気なんだから。みんなの財布のひもは堅くなり、新規事業や設備投資が減ったし。自粛でお金を使わなくなったのはどこも同じなんだから。

と、**「世の中のせい」「誰かのせい」にしてあきらめていませんか？**

たしかに、２０２０年１月以降、コロナ禍の影響で消費が大きく落ち込んだのは事実です。国内の消費はいまだコロナ前の水準には戻っていません。

でも、ひとつ誤解があります。

それは、決して「すべて」の人が苦しんでいるわけではないということです。この**コロナ禍でも収益をきっちり上げている人は確実にいます。**

日本経済新聞の記事（2022年8月15日付）によれば、4社に1社が最高益を更新しているというのです。業種別で見ると、自宅での生活を充実させるための食品や家電、通信、IT、ゲーム、ネット通販や物流、マスクや薬などを扱う医療、保健衛生系が好調なのはうなずけるでしょう。一方、外食産業や旅行、ホテル、エンターテインメント、アパレル、研修・コンサルテーション指導など「対面型」「来店型」の業種は大打撃を受けました。

けれど、大打撃を受けた業種の中でも好調だった企業があります。たとえば、マクドナルド（日本マクドナルドホールディングス）はいち早くデリバリーサービスを導入し、全店で過去最高売上を記録。トータルで純利益を20％上げました（2021年2月9日発表）。

大手企業だけではありません。自粛によって仕事が激減したコンサルタント業やセミナー講師の中でも、コロナ禍以前から先駆けてZoomやウェビナーなどのオンラインの手段を取り入れていた人たちは逆に売上を伸ばし続けています。

つまり、**同じ業界でも業績は「二極化」**しているのです。同じ大打撃を受けた業界の中でも、最高売上を上げているところもあれば、赤字幅を拡大させているところもある。想像以上の差が生まれています。

それはつまり、みんな一緒に不景気なのではなく、やり方次第で勝ち抜く方法はいくらでもある！ということなのです。

そして、好調な企業に共通しているのが、「デジタルマーケティング」の活用です。デジタルマーケティングについては後述しますが、私自身、早くからデジタルマーケティングを取り入れていたおかげで、仕事であるコンサルテーション指導もコロナによるダメージはまったくといっていいほど受けませんでした。**「『早くから』デジタルマーケティングをやっていてラッキーだった」**と心から思ったものです。それと同時に、多くの方にぜひ不況にも強いこの方法を知ってほしい、取り入れてほしい！と強く感じたのです。

もし今、「ものが売れない」「契約が取れない」「人が来ない」と悩んでいるなら、ぜひこの本を読んで実践してください。必ず不況に関係のない、負けない不況リッチに生まれ変われるはずです。

◎SNSをやっても売れない、それは本当なのか？

「SNSを利用するといい」と言われてやってはみたけれど、たいして効果がない。
SNSで発信し続けているけれど、ほとんど売れない。
今さらSNSなんてはじめたところで、もう遅くない？
そう思っている人はいませんか？
「SNSをやったところで、どうせたいした効果はないんだから、今さらやっても労力や時間のムダじゃない？」という言葉もよく聞きます。

しかし、ＳＮＳ自体がダメなのではなく、**ＳＮＳの「考え方」と「使い方」**に問題があるのだと私は断言します。

私はこれまで大企業から中小企業、ベンチャー企業、個人事業主を対象に2万回以上コンサルティング指導を行ってきましたが、はっきり言って、ＳＮＳから直接売上が上がることは非常にまれです。ほとんどありません！と言っても過言ではないでしょう。なぜなら**ＳＮＳの役割は、商品やサービスを直接売ることではなく、商品やサービスを知ってもらう「きっかけづくり」**だからです。

ＳＮＳを通じて商品やサービス、店を知り興味を持ってもらう。そこから、ＬＰ（ランディングページ）や通販サイトに移動したり、予約ページに移ってもらったりしてはじめて売上につながります。つまり、「なんとなく」「とりあえず」ＳＮＳを使うだけでは、いつまでたっても売上につながらないのです。

にもかかわらず、「ＳＮＳが売上に直結する」と勘違いしている経営者や担当者がとても多いのもまた事実です。だから、「ＳＮＳをやったのに全然売上が上がらない。

SNSをやったところで、たいした効果がない」と考えてしまうのです。

実際、SNSには大きな可能性が秘められています。総務省の「令和元年通信利用動向調査」によれば、SNSの利用者は平成30年に比べ、10～80代までの全年代で増えています。SNSのひとつであるTwitterで企業アカウントをフォローしている人のうち、77%のユーザーがSNSをきっかけにものを買ったことがあるというデータもあります。

SNSはあくまでも、販売者とターゲットを結びつける「入口」。そこから売上への道筋（導線）をしっかりつくる必要があります。

◎日本の中小企業・個人事業主はデジマ難民だらけ

これからの時代、デジタルマーケティングは必須、というお話をしましたが、デジタルマーケティングって何でしょう?

まず、**マーケティングは「見込み客をつくること」**だと私はお伝えしています。ターゲティング、値付け、セールスメッセージ、商品構成など、ビジネスモデルを整えて「集客」をする、セールスする相手を目の前まで連れてくることとも言い換えられます。

そのための手段として、かつてはチラシやハガキ、電話、新聞、雑誌、テレビなどの媒体が使われてきました。そこにデジタルを取り入れることがデジタルマーケティング(以下、デジマ)です。

具体的には、Facebook、Instagram、TwitterなどのSNSや、YouTube、TikTok、そしてLINEなどのメッセージアプリ、ウェブサイト、Eメール、スマートフォンアプリなど、インターネットを介して得られる消費者のデータを活用するマーケティング手法です。

大手広告代理店電通の「日本の広告費」調査(2022年11月24日)によると、2021年のインターネット広告費は2兆7052億円で、マスコミ4媒体の広告費2兆4538億円をはじめて超えました。ネット広告費は全広告費の39・8%を占めています(マスコミ4媒体は全広告費の36・1%)。

これまで広告と言えば、テレビや新聞、雑誌、ラジオの「マスコミ4媒体」が主流でしたが、今やインターネット広告がトップです。

これだけ、デジマが主流になりつつあるにもかかわらず、**中小企業のほとんどが残念ながら使いこなせていない**現状があります。いわゆる「デジマ難民」です。

中小企業白書（2013年）の「小規模事業者の自社ホームページの開設の有無と販売先数の変化」という調査によれば、自社ホームページを開設した中小企業の過半数以上が、ホームページからの売上がないことがわかっています。実際、東京駅前で税理士事務所を運営している私の友人Xさんはしっかりとした自社ホームページを制作、運営し、SNSによる発信も行っていますが、創業以来ネット経由で獲得した契約はいまだに0件だと言います。

日本の中小企業や個人事業主のほとんどがデジマ難民になってしまう理由は3つあります。

1つめは、**デジタルについての勉強をあまりしていない**から。パソコンやスマホなど、ハード面での知識はもちろんのこと、それをどのように使うのが事業にとってよいかといったソフト面の戦略、戦術についても学んでいないことが多いです。多くの中小企業はデジマに関する教育や研修の時間はほとんどありません。デジマの全体像を理解することなく、安易にデジタルを取り入れようとしてしまうのです。また、「若いから」という理由だけでホームページやSNSの担当者が決められることもしばしば。しかし、個人使用とビジネス使用ではSNSの使い方は異なります。ビジネスでは「お金が運ばれてくる導線」の必要性をしっかりと理解することが大切です。

2つめは、デジマは効果があらわれるまでに時間がかかることを知らないから。デジマを取り入れたら、即、効果があらわれると思っている人が多いです。実際、私が効果を実感できたのは、起業3年目くらいからです。それまでは私もデジマ難民でした。まずはブログを毎日休まず書き続けたところ、2年目を過ぎたあたりから安定してネットから受注が入りはじめ、3年目で経営が順調になりました。そのくらい、長い目で見ることが必要だというわけです。

3つめは、とにかく面倒くさいから。

たしかに、時間もかかるのでその気持ちはよくわかります。でも、面倒くさいと感じたときこそ、実はチャンスです。この面倒くさいという気持ちはあなた以外のほかの人も感じていることだからです。面倒くさいからやらないのか、面倒くさいけどやるのか。多くの人が面倒くさがってやめてしまうなか、あなたが「やる」選択をしたならその他大勢から抜け出せるチャンスがあるのです。

とりあえず発信してみたものの効果がなく、モチベーションは低下、段々と発信頻度が下がり、いつの間にか中断…というのが、残念なパターンです。

お金が運ばれる導線づくりをしたら、ルーティンワークとして、着実に続ける。このように書くと難しいことのように思えるかもしれませんが、お金儲け、売上UPを目指したいなら、「やる!」と決めてまずは3カ月続けてみましょう。

◎TikTokは「青信号」、YouTubeは「黄色」、Facebookは「赤信号」

これまでのSNS市場は、「Instagramは画像、YouTubeは比較的長めの動画、Facebookは中高年のコミュニケーションツール」など、特徴別にすみ分けされていました。しかし、TikTokの登場によって各プラットフォームがTikTokを意識した「ショート動画機能」を追加するなど、TikTokに追随しています。

実際、広告売上を見ると、FacebookやInstagram、YouTubeなどが苦戦するなか、TikTokは非常に元気がいいようです。

FacebookとInstagramを運営するMeta社は、2022年7～9月期決算で、売上高は前年同期比4％減、純利益52％減でした。広告売上の低迷が響き、第2四半期連続の減収になりました。2022年4～6月期の売上高は四半期ベースで初の減収となるなど、2004年の創業以来最大の危機だと伝えられています。実際、Facebookはユーザー数が減っているという実態もあります。若い人たちはFacebookのアカウントは持っていないことが多いです。

YouTubeも2022年7~9月期の広告収入が2%減でYouTube広告の売上高を開示するようになって初の減収となりました。

一方TikTokはeMarketer社の予測によると、2022年の全体の広告収入が前年の3倍の116億4000万ドル(約1兆7191億円)に達する見込みで、2019年からの5年間で70倍に成長する予想です。日本の大手広告代理店のグループ全体の年間売上が約1兆円と言われていますから、かなり稼ぐ力を持つSNSであることがわかるのではないでしょうか。

広告収入の伸び率を見てもTikTokがひとり勝ちです。(図1)

また、「日常的に情報収集で使うソーシャルメディアの割合の推移」(図2)を見ると、TikTokだけが明らかな右肩上がりで、2022年にはYouTubeやInstagramを抜いています。

このようにTikTokは今、最も元気で勢いのあるメディアなのです。

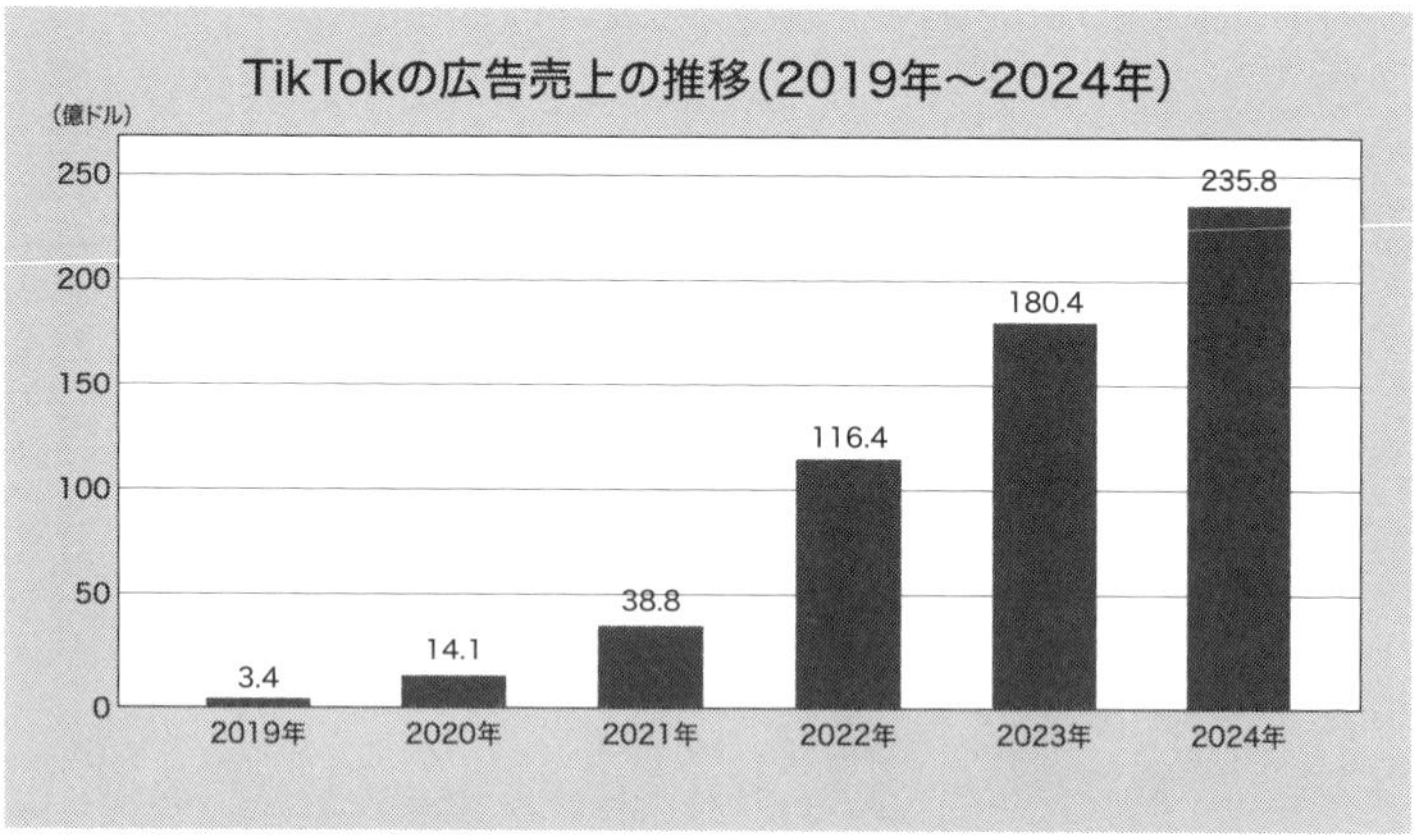

図 1：eMarketer 社の予測値を基に作成

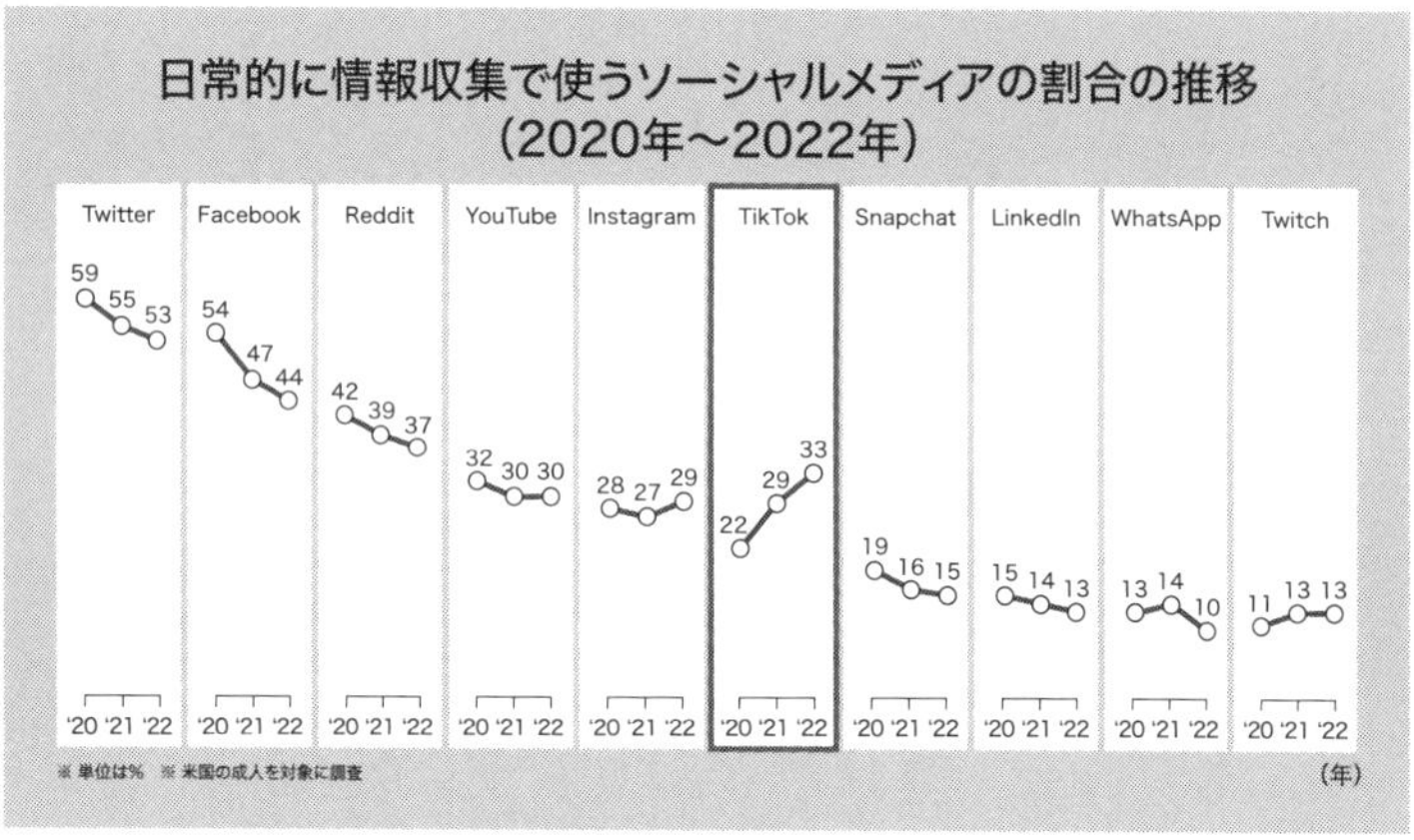

図 2　出典：Pew Research Center

◎インスタで売れるのは「映えビジネス」だけ

デジマをはじめましょう、というと、まず耳にしたことのある「Ｉｎｓｔａｇｒａｍからはじめよう」と考える方もいらっしゃるかもしれません。Ｉｎｓｔａｇｒａｍの日本国内でのアクティブユーザーは２０００万人以上と言われています。

アライドアーキテクツ社の調べによると、インスタから購買につながる商品にはある特徴があります。インスタで売れている商品ベスト３は以下の通りです。

1位　スーパー・コンビニで買える食料品（28・6%）
2位　菓子（28・5%）
3位　コスメ（スキンケア）（24・7%）

◎出典：アライドアーキテクツ株式会社（２０１７年11月29日）

新商品だったり、限定品だったり、パッケージがかわいかったり、今話題の商品だったり…。いずれも「インスタ映え」するものが多いようです。

つまり、**Ｉｎｓｔａｇｒａｍは「キラキラ」を共有するためのＳＮＳ**です。堀江貴文氏が以前ＹｏｕＴｕｂｅで「Ｔｗｉｔｔｅｒはホンネをしゃべるが、インスタでは美化する」といったことを述べていました。部屋が散らかって汚くても、画像では着飾ってセレブ感を演出したり、メルカリでブランドの紙袋を買って載せてみたり…。もちろんそのような画像がすべてというわけではありませんが、全体的に盛って、飾って、きれいな画像が多いのが特徴です。

しかし、世の中のビジネス、サービスがすべてキラキラした、映えるものばかりではありません。たとえば、コンサル指導、税理士や行政書士のサービスは地味です。だから、インスタがすべてのビジネスに向いているわけではないのです。

その点、**ＴｉｋＴｏｋは映える必要はありませんので、地味なビジネスでもまったく問題ありません**。さらに、「動画＋音声」が使えることから、ユーザーに伝えられる情報量が多いので、よく理解してもらいたい、詳しい説明が必要な事業などに向いています。

◎SNSで「Z世代以外」に売る方法があった

ＳＮＳはZ世代と言われる若者が使うもの、という勘違いをしている人たちも依然多いようです。「Z世代」は、生まれたときからすでにインターネットが普及していた「デジタルネイティブ」と呼ばれる世代で、２０２３年現在10代から20代前半の若者のことを指します。

スマホが当たり前に存在し、使いこなしているZ世代は、日常生活に必要な情報収集やショッピングなどで普通にＳＮＳを利用します。空気を吸うのと変わらないものかもしれません。

ＴｉｋＴｏｋというと、まさにZ世代のためのＳＮＳのイメージがあるかもしれません。ですが、この5年くらいでユーザー層が激変しています。

実は、**ＴｉｋＴｏｋユーザーの平均年齢は34歳です**（コンテンツビジネスラボ「コンテンツファン消費行動調査」より)。この年齢、意外に高いと思いませんか。この数字は２０１９年以降、毎年上がっています。

しかも、ＴｉｋＴｏｋユーザーはほかのプラットフォーム（Ｆａｃｅｂｏｏｋ、ＹｏｕＴｕｂｅなど）に比べて、コンテンツにお金を使うことがわかっています。その金額は主要プラットフォーム内でトップの約８万５８６２円で、全体平均の約４万２５３８円の２倍を超えています。それだけお金に余裕のある人たちが多く集まっているということです。それは、ユーザーの平均世帯年収が６４６万円と、主要プラットフォームのなかでも高いことでもわかります。

そのほか、ＴｉｋＴｏｋユーザーはＩＴリテラシーが高く、ＴｉｋＴｏｋ以外のプラットフォーム、決済サービスやスマートスピーカー、ＶＲなどへの関心が高いことも特徴として挙げられます。つまり、新しいものへの興味や関心が強く、自分が気に入ったものはすぐに試してみるタイプの人が多い、ということでしょう。

先にも述べたように、ＴｉｋＴｏｋはＩｎｓｔａｇｒａｍほどキラキラと美しい画像である必要はなく、情報量も多いことから、**コーチングやコンサル指導などのいわ**

ゆる「先生業コンテンツ」にも使えます。先日、21歳の大学生がTikTokを使って、20代の社会人をターゲットにしたITコーチングを1000万円以上売り上げました。

また、中高年以降の人たちに売ることにも使えます。50代のコンサルタント業の方が、40代～50代向けのビジネスコンサルを2000万円以上受注した例もあります。

このように、中高年向け、高額商品だからこそ、今、TikTokを使う意義があるのです。

◎「TikTok圧勝」の裏に「ショート動画中毒者」の大量発生

先ほどお話ししましたが、今、デジマ先発組のInstagram、Facebook、YouTubeなどが、TikTokの登場によって、相次いでショート動画に参入しています。InstagramやFacebookはリールやストーリー、YouTubeはYouTube shortsです。ですが、結果はTikTokの圧勝。その裏に、ユーザーに「ショート動画中毒」が広がっていることがあります。「TikTok中毒」とも言い、一種の社会現象にもなっています。

「ショート動画中毒」とは、短尺動画を見る気もないのになにげなくスクロールして次々見てしまい、気づいたら2時間以上経っていた、というような状態です。

ショート動画は、1本の尺が短くて見やすいので、休憩時間や待ち時間などのすき間時間に簡単に「ながら見」できます。気軽に見られるし、なにより1本がすぐ終わるので、つい「もう1本、もう1本」と、連続して見てしまうのです。

TikTokは**AIによるレコメンド（おすすめ）機能**が個々のアカウントごとにカスタマイズされていて、ユーザーの興味や関心があることに関連した動画を次々と送り出す仕組みになっています。これも中毒者が発生しやすい理由です。

デジタルカルチャーを専門とする社会学者のジュリー・オルブライト博士は、「画面をスクロールしていると、時々楽しい写真や何かが目に留まり、それがあなたの注意を引きます。すると、少量のドーパミンが脳の快楽中枢を刺激し、スクロールを続けたくなってしまうのです」と言っています。

TikTokユーザーの反応率は高いほうだと言われています。視聴後に約2割のユーザーが「いいね」や「コメント」、「シェア」や「フォロー」など、何らかのアクションをしているという話もあります。私のアカウントでは、「いいね率」が1動画あたり10%ほどですが、これは平均的ユーザーの2倍近くです。フォロー率で言うと普通は1000いいねあたり1フォローですが、私は約3倍のフォロー率になっています。うまくターゲティングできていることも理由ですが、**ほかのSNSに比べてTikTokでは気軽にアクションを起こす**傾向があるようです。

TikTokはログインしなくても、アプリをダウンロードしなくても閲覧可能ですし、フォローしていない人の動画も見られるので、自分が予想もしていなかった年代や属性の方から反響をもらうことがあります。

YouTubeなどでは100再生されるのはなかなか大変ですが、TikTokは1000回近くまで比較的簡単に再生されます。

とにかく、ＴｉｋＴｏｋはその手軽さがウリのひとつです。それを味方につけることでビジネスの入口はグンと広がるはずです。

◎ＴｉｋＴｏｋは「バズ」も「笑顔」もいらないのに売れる

ここまでで、ＴｉｋＴｏｋがいかに魅力的なデジマツールで、しかも将来期待できる存在であるかがわかっていただけたかと思います。

そこで皆さんにおすすめしたいのは、**「ビジネス系ＴｉｋＴｏｋ」**です。ＴｉｋＴｏｋをビジネスに活用し本業の売上を何倍にも、何十倍にも伸ばしていきましょう。

実際私は「ビジネス系ＴｉｋＴｏｋ」を確立して、わずか半年間ほどで１０００万円の売上加算を実現できました。

そのために、まず「捨ててほしいこと」が２つあります。

1. 多くの人に共感を得ようとすること。

「いいね」や「フォロワー数」を追いかけない、求めないことです。「売上」という結果だけにフォーカスするので、ターゲットではない視聴者に共感を持ってもらう必要はまったくありません。バズることは99・9%不要です。

2. 画面の前だからと必ずしも笑顔で話す必要なし。

もちろん、あなたの販売する商品やサービスが、日本全国のコンビニやスーパーで販売されている商品で、ひとりでも多くの人に喜ばれ、かつ誰にでも買えるものなら、バズりを目指したほうがいいかもしれません。

本書は中小企業や起業家、個人事業主が、独自の商品やサービスを使って売上UPを目指すことを目的にしています。

だから、自分が表に出るタイプではなくても、話が下手でも、おもしろいことができなくてもまったく問題ありません。冒頭にあいさつをする必要もありません。いきなり本題を切り出すのがセオリー。顔を出さない戦術さえあります。

普通に自分の仕事で伝えたいことを話すだけでいいのです。もちろん、ちょっとしたコツがありますが、それについては次章以降でゆっくりご紹介していきますので、ご安心ください。

とにかく、結果重視で、これまでの常識をぶち破る一風変わったビジネス系ＴｉｋＴｏｋをはじめてみませんか。

第2章

TikTokはビジネスに最適なツールだった

◎ＴｉｋＴｏｋは「Ｚ世代のおもちゃ」だと思っていませんか？

この章では、ＴｉｋＴｏｋがビジネス、それもあなたの本業でいかに使えるかについて、データや実例を挙げながら解説していきたいと思います。

第1章でも少しお話ししましたが、ＴｉｋＴｏｋというと、10代、20代の若者中心に流行っているＳＮＳで、音楽に合わせて踊るなど派手なパフォーマンスをしないとウケないと考えている人も多いかもしれません。

くどいようですが、ＴｉｋＴｏｋの国内ユーザーの平均年齢は34歳、平均世帯年収は６４６万円ほどです。思ったより年齢層が高めですよね。どのＳＮＳにも言えることですが、はじめは若者から人気に火がつき、そこから幅広い年齢層に広がっていくケースがほとんどです。

ＴｉｋＴｏｋも創業当初は女子高生がダンスやリップシンク（口パク）する動画で話題になり、10代、20代を中心に一大ブームとなりました。

その後、ＴｉｋＴｏｋは幅広い世代を取り込むために大規模な広告を展開しはじめました。たとえば、２０１８年7月にはお笑い芸人くっきー！さんとモデルの黒木麗奈さんを起用したテレビＣＭで、「アガる思い出つくっとく?」をキャッチフレーズに、「夏の景色や思い出を残すことができる動画共有アプリ」として訴求しました。このとき、歌手のきゃりーぱみゅぱみゅさんや、３人組テクノポップユニットＰｅｒｆｕｍｅさんが自らＴｉｋＴｏｋに投稿したことも、ユーザー数が急激に増える要因となりました。

その後、上戸彩さん、小芝風花さん、中村倫也さん、ニッチェさんなどを次々とＴＶＣＭで起用し、思い出や職場での何気ないシーンの投稿ができることを訴求。ＣＭを通じて、「女子高生に人気のダンス動画アプリ」というイメージやマインドを積極的に脱却していったのです。

ＴｉｋＴｏｋは、とにかく勢いのあるアプリでもあります。

２０１８年には、世界中のｉＰｈｏｎｅユーザーに最も多くダウンロードされたアプリとなりました。

今は、全世代にＴｉｋＴｏｋユーザーが広がっています。「ＴｉｋＴｏｋおじさん」というワードも生まれ、おじさんＴｉｋＴｏｋｅｒが若者に「かわいい」と人気にもなっています。中には92歳の現役ＴｉｋＴｏｋｅｒ・原裕一郎さんもいらっしゃいます。さらに、最近ではサカナクションの山口一郎さん（40代）をＴｉｋＴｏｋアンバサダーに起用し話題になりました。

このように、ほかのＳＮＳが成熟期を迎えるなか、ＴｉｋＴｏｋはいまだに発展途中の勢いのあるＳＮＳであることは間違いありません。言い換えれば、まだ完成していないＳＮＳなので、今からでも参入して、自分の好きなことをやれる余地があるのです。

もうひとつ、ＴｉｋＴｏｋはビジネスでの利用者がまだそれほど多くないのも魅力です。ＳＮＳに乗り遅れたと感じている中小企業経営者や起業家、個人事業主にはぜひ、「発信者」としてＴｉｋＴｏｋをビジネスに活用してほしいのです。

先日、私の好きな元プロ野球選手が「これからＹｏｕＴｕｂｅをはじめようと思います」とインタビューで答えていたのですが、とても危険だなと、ファンの一員ながらハラハラしてしまいました。YouTubeやInstagramをはじめたとしても、あまり勝算がないからです。すでに成功している人が数多くいますし、勝ち組とそうでない人とで大きく差ができてしまっているからです。言ってみれば「レッドオーシャン」なのがYouTubeやInstagram、未開拓の地である「ブルーオーシャン」なのがTikTokです。

今、先行者利益をゲットできるSNSはTikTokだけかもしれません。また、YouTubeやInstagramのようにフォロワー数重視ではないので、これから新規にはじめる後発者にもやさしいSNSですし、気軽に見られるのと同様、投稿するのも非常に簡単なので、初心者でも1時間あれば投稿できます。はじめるハードルも低いですよね。

今からビジネス系TikTokをはじめれば、あなたは「業界の第一人者」として視聴者に知ってもらえる可能性は大なのです。

◎自分の動画を「低コスト」で拡散できる

ＴｉｋＴｏｋの魅力のひとつは、費用を抑えて、コスパよく自分の動画を拡散することができる点です。

ＴｉｋＴｏｋのプロモートや広告を行うことで次のような効果が得られます。

- **未開拓マーケットの掘り出し**
- **ブランディングの確立**
- **ターゲットとの距離感を短期間に縮めることができる**
- **海外マーケットにアプローチできる**

まず、「プロモート」という機能は、主に動画の再生数を上げるためのもので1日300円（税別）から利用できます。

TikTokにはほかにも、インフィード広告、アプリを立ち上げると最初に出てくる起動画面広告、ハッシュタグチャレンジ広告やインフルエンサーによる宣伝などもありますが、通常のインターネット広告と同じように、30万円程度から数千万円単位の費用がかかったり、広告代理店を通したりする必要があります。

だから、私たちのような**小規模事業者には「プロモート」一択**です。300円投下するだけで、500再生ほど増えることもありますから、コスパがかなり高いといえます。その他の広告は費用の面から考えて、小規模事業者には向いていません。

動画に関しても、プロモートするからといって**特別な作業をする必要は特にありません**。通常と同じように動画を制作しましょう。スマホで撮って、自分で編集してもいいですし、不安なら、私のようなTikTokの専門家に相談してみるのも一案です。ネットで「TikTokコンサル」「ショート動画　プロデューサー」などと検索すれば出てきますので、実績があってよさそうな専門家に依頼するのもおすすめです。

先にも少しお話ししましたが、ＴｉｋＴｏｋには高いＡＩ技術が使用されていて、**ユーザーの興味や志向を細かく読み取り、ユーザーごとに動画のレコメンド（おすすめ）機能を精緻にカスタマイズしています**。フォローされていないけれど、あなた自身やあなたの動画に興味を持つとＡＩが判断した多くのユーザーに、レコメンドとして表示されるようになっています。つまりＴｉｋＴｏｋの世界では、無名でもＹｏｕＴｕｂｅやＩｎｓｔａｇｒａｍで多くのフォロワーを獲得している有名人と対等の立場で闘えるのです。

◎ＴｉｋＴｏｋはあらゆるキャッシュポイントへの「総合窓口」

では、具体的にＴｉｋＴｏｋをどのようにビジネスに活かしていけばよいでしょう。大事なことなので、あえてしつこく繰り返しますね。

ＴｉｋＴｏｋでは**「いいねキ売上」「フォロワーキ売上」**です。

やみくもに「いいね！」やフォロワーを集めても、再生回数を増やしてバズらせたとしても、売上という成果に直接的につながる因果関係はありません。あくまでも**TikTokは売上づくりの「入口」**。あらゆるキャッシュポイントへの「総合窓口」の役割を果たすのです。

キャッシュポイントというのは、「売上を生み出す機会」のこと。お金を得られるタイミングや手段のことを言います。ビジネス系TikTokでは、必ずこの「キャッシュポイント」を事前に設けておくことが必須です。これがなければ、ただの「お遊び系TikTok」にしかならないのです。

たとえば、インターネットで品物を売っているのであれば、キャッシュポイントは「通販サイト」になります。コーチやコンサルタント、また士業や師業などの先生業なら、コーチングやコンサル、講座や勉強会、セミナーなどの「LP」がキャッシュポイントです。（図3）

このように、TikTokはさまざまな業種においてお金儲けをするための「入口」であり、「総合窓口」なのです。

業種	キャッシュポイント
コンサルタント、コーチング、カウンセラー	LP（詳細説明と申し込み）
コンテンツ販売	Brain、note（詳細説明と申し込み）
弁護士、税理士、弁理士、司法書士、行政書士	LP（詳細説明と申し込み）
SNS 運用代行、事務代行	公式 LINE
飲食店	予約サイト（食べログ、一休 など）
美容クリニックや歯科医院など自由診療	予約ページ
エステ、理髪店、美容院、筋トレ、ヨガ	予約ページ
コスメ、ダイエット品、アパレル など	通販サイト、LP
農家	通販サイト、LP
人材派遣	登録ページ
私立学校、学習塾、予備校、フリースクール	見学申し込みページ
不動産	内見申し込みページ

図 3：キャッシュポイントの事例

◎規模も業種も不問！　どんなビジネスも、TikTokで集客できる

TikTokのいいところは、企業規模や業種を選ばず、**どんなビジネスでも成果を得られる**点です。

大企業はもちろんのこと、これまでデジタルを活用しようと試みたものの、今ひとついい成果を挙げることができなかった中小ベンチャー企業にも十分チャンスがあります。業界で言えば、デジマ活用の遅れが見られる飲食業、小売業、製造業、コーチ、コンサル業、師士業などの先生業、サービス業などでも、**いち早くTikTokを取り入れた事業者はすでに実績を出し「TikTok売れ」を生み出している**のです。

たとえば、コンサルティング業のAさんは、TikTokをはじめて50日後に1000万円の売上が上がりました。今までと違うのは、相手が20代、30代の方だったことです。これまでは比較的お金に余裕のある40代、50代を相手に営業することが多

かったのですが、ＴｉｋＴｏｋを利用することで新たな層にアプローチすることができたと言います。

とはいっても、「顔を出すのはちょっと…」という人も多いでしょう。ＴｉｋＴｏｋならアカウントコンセプトさえ最初にきちんと固めておけば、「声だけ」「文字だけ」のショート動画でも成果を得られます。顔出しナシでも成功確率が上がる例としては、実店舗を持っている、商業出版をしている、ブランドを確立できているサービスを持っている場合など、ターゲットにとってわかりやすい「ウリ」がある場合です。

ただし、経営者の方が顔出しししているほうが、共感や信用を得やすく、契約や注文、予約などの売上につながりやすいのはたしかです。

◎行列のできる「コーチ・コンサル・カウンセラー」が続出

ＴｉｋＴｏｋをビジネスに利用する業種として、意外にもコーチングやコンサルティング、カウンセリングなどは成功を目指しやすいです。

人は欲望や欲求、不満や不快を抱いているものです。何かを教えてほしい、何かを解決したい人があふれているのは、TikTokの世界でも例外ではありません。TikTokユーザーは総じて所得も高く、経済的にも比較的余裕のある人が多いので、申し込みにつながりやすいのです。スキルを教える先生業の人たちにとっていいマーケットといえます。

私は「ビジネス系ショート動画プロデューサー®」「短尺動画コンサルタント」「スーパー経理代行」「先生業専門コンサルタント®」「ネット通販の魔術師®」「ど根性ネット通販コンサルタント®」などの肩書きで、TikTokを利用した教える系ビジネスを行っていますが、ありがたいことに「ビジネス系TikTokを教えてほしい」という起業家の方、コンサルタント業で成功したい師士業の方、ネット通販で稼ぎたい経営者の方々から、毎日お問い合わせやお試しコンサルの申し込みをいただき、新規の方には3カ月以上お待ちいただいている状態です。

私以外のコンサルタントや心理カウンセラー、税理士、弁護士、司法書士の方たちも、TikTokをビジネスに活用し、盛況との話を多く耳にしています。詳しい成功事例については、第3章でご紹介しています。

これらの業種は、はっきり言って地味で映えませんが、明らかに「ビジネス系TikTok」向きです。まだでき上がりきっていないTikTok市場で、「勝ち組」が確立していない今だからこそ、チャンスが「まだ」あります。YouTubeやInstagram、Twitterで勝てなかった人こそ、チャレンジしてほしいと思うのです。

一日でも早くはじめた人が勝ちます。まだはじめていない方は、「今日から」さっそく準備からはじめてみてはいかがでしょうか？

◎弁護士先生がTikTokも活用して年収1億円超

TikTokで活躍している弁護士の方に、岡野タケシ弁護士（アトム法律事務所）がいらっしゃいます。TikTokで最も有名な弁護士と言えるでしょう。一見難しい法律の話をとてもわかりやすく解説していることで人気を博していて、「TikTok Awards 2022」教育部門で最優秀賞を受賞されています。「質問来てた！」「結論、〇〇」などの「型」を確立し、その手法はほかの人も多く取り入れています。

一般的に、弁護士の年収の中央値は1437万円と言われていますが、岡野先生の年収は1億円超えだそうですから、TikTokの効果も大きいのではないでしょうか。

一部の弁護士さんはテレビのバラエティ番組などに出演をして知名度を上げ、ブランディングして受注を増やしていましたが、今はTikTokやYouTubeなどのデジタルマーケティングを行うことで、知名度アップや売上アップをはかることができるというわけです。テレビ出演は相手からのオファーがないとなかなか実現しませんが、**TikTokなら自分ではじめればすぐにできますから、ハードルはとても低い**です。

◎書籍――10秒の「サワリ」紹介で10万部超

TikTokの活用で、本が売れたという例もあります。

2016年に発表された『あの花が咲く丘で、君とまた出会えたら。』(スターツ出版)は、一般ユーザーさんが10秒間の表紙動画を出したところ、コメント欄がまるで掲示板のように盛り上がって拡散され、それに伴って、書籍もふたたび売れ出し、販売部数10万部を超えたのです。

本の世界観に合った今流行りの曲をBGMにすることで、本のイメージを耳からも伝えることに成功したのでしょう。これまでにはない本の宣伝の仕方を偶然にも切り開いたと言えるのではないでしょうか。

また、1989年に発表された筒井康隆さんの作品『残像に口紅を』(中公文庫)は、人気クリエイターがTikTokで紹介したことによって人気が再燃し、30年以上経った2021年に11万部以上増刷されることになりました。

最近では、110万部のベストセラーを記録している永松茂久さんの『人は話し方が9割』（すばる舎）でも、ＴｉｋＴｏｋを活用したと聞いています。私の推察ですが、既存の媒体とは別に**新たにＴｉｋＴｏｋを利用したことで、20代前後のこれまであまり本を読む習慣がなかった人たちにもリーチすることができた**のではないかと思います。

このように、ＴｉｋＴｏｋはターゲットや時代を超えてアプローチすることができるのも大きな魅力です。広告というと、新商品ばかりにフォーカスされがちですが、ＴｉｋＴｏｋなら、既存の商品で未開拓層の掘り起こしや休眠顧客の再生にもおおいに役立ちます。

ＴｉｋＴｏｋを、あなたの新たな売上をつくるための「新たな武器」として活用してみましょう。次の章では、私が直接関わったり、取材をしたりしたさまざまな業界での活用、成功事例をご紹介します。

第3章

「閑古鳥」が大行列に！
TikTok 活用で売上 10 倍！

本章では、ＴｉｋＴｏｋをビジネスに活用したことで、売上が大きくアップした実例をご紹介していきたいと思います。さまざまな業種の方がビジネス系ＴｉｋＴｏｋによって成功をおさめていることがわかると思います。

◎休業状態のダイエット系ネットショップがＴｉｋＴｏｋで月商１０００万円に（Ａさん・40代・ＥＣ）

コロナ禍で世の中が自粛ムード全開のなか、ネット通販事業は絶好調なのを目の当たりにして、事業再構築補助金目当てにとりあえず参入したＡさん。ネット通販の売れ筋、ダイエット食品を販売することにしました。

ところが、開業から3カ月間はほとんど商品が売れず、開店休業状態に。焦りを覚えたＡさんはコンサルティングを依頼し、まだ通販（ＥＣ）業の参入が少ないＴｉｋＴｏｋを利用して勝負に出ることにしました。

まずはＴｉｋＴｏｋ→ランディングページ（ＬＰ）の導線づくりを明確にするこ

とからはじめました。

動画は撮影から編集まですべて外注で行うことに。商品の特徴やメリットをテンポよく伝えることを目指し、ＢＧＭもノリのいい曲を使いました。

動画の内容に合わせて毎回ＬＰのトップ画像やキャッチコピーを変えることを徹底し、ＴｉｋＴｏｋ動画とＬＰの内容を必ず一致させるようにしました。

また、３００円からのプロモート機能を活用したところ、８カ月後にはＴｉｋＴｏｋからの集客で大売れを記録。月商１０００万円を達成しました。以来、Ａさんは現在も安定した売上を上げています。

◎ＩＴド素人の農家が実直投稿で、オンラインショップ品切れ続出（Bさん・50代・農家）

Ｂさんは独自農法で農作物を育てるこだわりの農家。

ＴｉｋＴｏｋを利用し、自分の田んぼや畑を積極的に撮影、どのような環境で野菜を育てているかを視聴者の方にも知ってもらうために発信しています。

そのほか、ユーザーからの質問や農業あるある、農家の収入やライフスタイル、将来農家になりたい若者へのアドバイスなど、農業に関することを幅広く配信。ユーザーからのどんな質問にも率直に答える姿が人気を博し、農家のことに詳しい地元のやさしいおじさんといった親しみのあるキャラがウリです。

凝った演出もなく、ＢＧＭは自然の音。畑で聞こえる鳥の声や地域の放送などが、かえってリアルな雰囲気を伝えていて、好感が持たれる一因にもなっています。

ほかの農家さんとの大きな違いは、プロフィールページに農作物のオンラインショップのＵＲＬを貼るなどの導線づくりをしている点です。広告宣伝はほとんど行っていませんが、オンラインショップでの売上は好調で、農作物が売り切れることも。

ＴｉｋＴｏｋで農業のすばらしさや農作物の育成に手間暇がかかっていることを伝え、商品価値を高めることに成功しました。結果的に価格競争に巻き込まれずに販売できるシステムを確立することができたのです。

◎大卒2年目の起業家がＴｉｋＴｏｋ集客で年収2000万円超え（Cさん・20代・コンサルタント）

Cさんは大学時代からブログを書くことでアフィリエイトをはじめました。

1年目はほとんど収入がありませんでしたが、買ってもらうためのボトルネックをピックアップし、ひとつずつ解決していきました。たとえば、消費者の行動心理とキャッシュポイントへの流れを明確にすることで、2年目以降は少しずつ収入が増え、月25万円くらい稼げるようになりました。

大学卒業後も就職せず、ＴｉｋＴｏｋで会社員や主婦向けの副業に役立つマーケティング情報を配信し続けました。動画では顔出しせず、声とテキストのみ。時々、「稼ぎたい方に成果報酬で教えます」という動画を投稿し、公式ＬＩＮＥやＴｗｉｔｔｅｒのダイレクトメッセージに誘導、Ｚｏｏｍでクロージングする導線をつくりました。アフィリエイトコーチは、1件あたり5万円から20万円ほど。大学卒業後2年目には、年収2000万円を達成するまでになりました。

Cさんは TikTokを入口に、さまざまなデジタルツールを利用しながら、最終的にZoomでバーチャルに対面する導線をしっかりとつくることで売上を伸ばしていったのです。

◎コツコツTikTok投稿で、自著がAmazon 1位に（Dさん・年齢不詳・税理士）

Dさんは税理士ではかなり早くからTikTokに参入しました。

毎月数本ずつ、自分で決めたパターンで定期的に税務会計のノウハウと自著の紹介や自分の税理士事務所の特徴、成功している経営者の共通点などを投稿しました。費用はほとんどかけずに撮影、編集し、1本あたりの尺は2分前後。BGMの楽曲は工夫して、シンプルにいきました。

気をつけたのは、毎回、同じ服装で一貫性を出したこと。

その結果、起業家や実業家の方を視聴者にすることに成功し、自分の著書を自分で大量に買うことなく、Ａｍａｚｏｎ１位を獲得できたのです。Ｄさんの勝因はなんといっても「継続力」です。あきらめることなく、投稿を続けていったことがＡｍａｚｏｎ１位につながったと言えるでしょう。また、ＴｉｋＴｏｋ経由で有名人とも知り合いになり、そこからも売上の機会を増やしていきました。

◎ＴｉｋＴｏｋからＹｏｕＴｕｂｅ戦略でＹｏｕＴｕｂｅフォロワー10倍（Ｇさん・40代・集客コンサルタント）

「動画をはじめよう！」と、まずＹｏｕＴｕｂｅをはじめたＧさん。

２年近く定期的に配信を続けるも、フォロワー数は３０００を超えませんでした。

ＹｏｕＴｕｂｅはすでに多くのコンサルタントが参入しているため、まともに闘っても後発組である自分はとても勝てないと考えたGさんは、まずNO・1集客コンサルTikToker＆YouTuberを目指すことに決めました。そして、「TikTok→YouTube」の導線をしっかりつくることに。

また人気のTikTokerの口調や進め方を一部真似ながら、専門分野に関するノウハウやお役立ち情報をまじめに、熱く話すスタイルを一貫して行いました。

それらが功を奏し、TikTok開始半年で、YouTubeのフォロワー数は約10倍になり3万フォロワーを超えたのです。

動画のつくりとしても、視聴者が一番知りたいことを「続きはYouTubeで！」にするのではなく、TikTokだけ見ても役に立つ情報を簡潔に話すことで、TikTokでのフォロワーを増やすことに成功。その後、「もっと知りたい」と感じた人がYouTubeに移行し、結果的にYouTubeでのフォロワー獲得につながりました。

Gさんの勝因のひとつは、難しい話を視聴者にもわかりやすくするために、なるべく工夫しながら言い切りの形を取ったことです。

◎新人司法書士が、ＴｉｋＴｏｋマーケティング活用で年商３０００万円超え（Ｈさん、30代、司法書士）

Ｈさんは大学卒業後フリーターに。そこから一念発起して司法書士試験に合格。ひとり起業で事務所を立ち上げました。

ネットマーケティングの専門家にデジマの全体像を教えてもらい、ＳＮＳ発信のひとつとしてまだ競争がそれほど激しくないＴｉｋＴｏｋにも参入することにしました。

ＴｉｋＴｏｋは新規顧客獲得のきっかけとして利用。ＹｏｕＴｕｂｅはまじめすぎる内容だと飽きられてしまいますが、ＴｉｋＴｏｋは短尺動画なので1分以内にまとめれば、たとえ固い内容でも比較的最後まで見てもらえます。

また、音楽の力を利用し、明るい曲をＢＧＭに流すことで楽しそうな雰囲気を演出したり、アップテンポの曲をかけることで早口でしゃべっているように見せたりすることも可能です。そこで、まじめなキャラ設定で司法書士の業務をわかりやすく発信することにしました。

これまでは主に、30代～40代の起業家の方向けに会社登記（法人設立）の業務を請け負っていましたが、まじめなイメージが年配の方にもウケがよかったのか、依頼者のご両親からの相続などに関する仕事も依頼されるという嬉しい誤算がありました。

ＴｉｋＴｏｋが、新規顧客開拓の入口、それも結果的に大きな入口となり、起業から４年目にして年商は３０００万円を超えるまでになったのです。

◎主婦がＴｉｋＴｏｋ動画制作で起業。億超え実業家の顧問に（Ｋさん・40代・ＴｉｋＴｏｋ動画制作）

ＴｉｋＴｏｋ自体がお金を生み出す商品になった例もあります。

地方在住のＫさんは専業主婦から起業することは決めていたものの、これといって売る商品やサービスもなければ、スキルやノウハウ、人脈もありませんでした。そんなとき、「動画編集は面倒だから、自分では動画系ＳＮＳ活用に手をつけていない。外注して誰かにやってもらいたい」と考えている人が多くて市場性が高いことを知り、ＴｉｋＴｏｋ動画制作に可能性を感じました。そこでＫさんは短尺動画の制作請負代行で起業することを決めました。

まず、専門家のもとで半年間みっちり、ビジネスのイロハやマーケティングを基礎から学び、「ココナラ」のような技術や知識を安価で売り買いするサイト経由で、動画制作の仕事を受けることにしました。また、最初の1本はお試しで安く請け負い、相性や出来栄えを実感してもらうことでリピーターを獲得。今では、従業員３人で年商億超えの実業家のＴｉｋＴｏｋ動画制作の顧問契約を獲得できたばかりでなく、１００人を超える経営者の動画制作に関わっています。

TikTokの場合は、1本あたりの時間が短いので、ひとりにつき30秒間ほど撮影できれば制作は可能です。だから、多くの人の動画を撮ってもそれほど負担にはなりません。それが子育て中でもあるKさんのライフスタイルにも合っていたと言えるでしょう。

第4章

「ビジネス系 TikTok 大集客」実現への 7つの重要ポイント

◎パソコン不要。スマホひとつでスタート！

ここからは、実際にＴｉｋＴｏｋ動画を制作する際の手順やポイントについてお話ししていきたいと思います。

「さあ、やるぞ！」と気合が入ると、まずは高画質な一眼レフカメラや照明機材、高価な編集ソフト、周辺機器などを買いそろえたくなるかもしれません。ですが、ＴｉｋＴｏｋに関して言えばこれらは一切不要です。

ＴｉｋＴｏｋはスマートフォンの縦型画面を最大限に活かしたショート動画ＳＮＳです。尺も数十秒から長くても数分のため、画質はあまり問題にならないのです。

ＰＣのブラウザでも利用できないことはありませんが、スマホで操作したほうがずっと手軽です。

まずは、スマホにＴｉｋＴｏｋアプリをダウンロードしましょう。

アプリのツールを利用して、撮影、編集（テロップ〈字幕〉を入れる、楽曲をつける、ハッシュタグを設定する）、投稿まですべて行えます。慣れてくれば10分もかかりません。

勢いがあるSNSというだけでなく、初期費用もかからないことから予算を抑えることができます。特に中小ベンチャー企業や個人事業主、起業家の方にとっては魅力的なツールといえるでしょう。

◎日本一わかりやすい「ビジネスアカウント登録」の手順

TikTokには、個人アカウントとビジネスアカウントがあります。どちらも無料で利用できます。

ビジネスにTikTokを活用したいのであれば、「ビジネスアカウント」の利用は必須です。

個人アカウントとビジネスアカウントの代表的な違いは「プロフィール」にあります。

個人アカウントはプロフィールを非公開にすることもできますが、ビジネスアカウントの場合、プロフィールは必ず「公開」で設定されます。どんな企業や人が、どのような理念や目的で、何を発信しているかがわからなければ、ビジネスにはつながりません。

なかには、個人アカウントで本名も顔画像も公開しないで集客しようと頑張っている「自称コンサルタント」の人もいるのですが、名前も顔も素性もわからない相手にお金を払って指導をしてもらいたいと思う人はあまりいないでしょう。

ビジネスアカウントを取得すると、次のようなことができます。

1・投稿動画のパフォーマンス分析

投稿した動画の合計再生時間や、平均視聴時間などが表示されます。

2・インサイト分析

視聴者属性（性別、年齢層など）、視聴時間帯などを分析できます。

このインサイト情報を把握し、効果を得られやすい動画内容や、ターゲット、投稿時刻を決めることが、成功への近道と言えるでしょう。

3・プロフィールにビジネスに関する情報の掲載が可能

ビジネスアカウントでは、プロフィール欄にECサイトやWebサイトのURLを貼ることができます。ビジネスアカウントを利用する一番のメリットです。

私が集計したデータによれば、商品やサービスの申し込み者（購入者）の7割以上が投稿者のプロフィールやリンク先のTwitter、YouTube、公式ホームページを見ています。あなたに著書がある場合には本の販売ページに移行し、サービスの申し込み前にその本を購入して読んでいます。

つまり、プロフィールにビジネス情報を載せておけば、訪問してくれたユーザーに届けたい情報を伝えることができるのです。それができるのが、「ビジネスアカウント」というわけです。

ビジネスアカウントのつくり方

1. アプリのダウンロード

(1) TikTok アプリをインストール

(2) 利用規約の同意
必ず全文読み込んでおく

(3) カテゴリーの選択
本業に関係するもの、ターゲットの関心事などを選ぶ

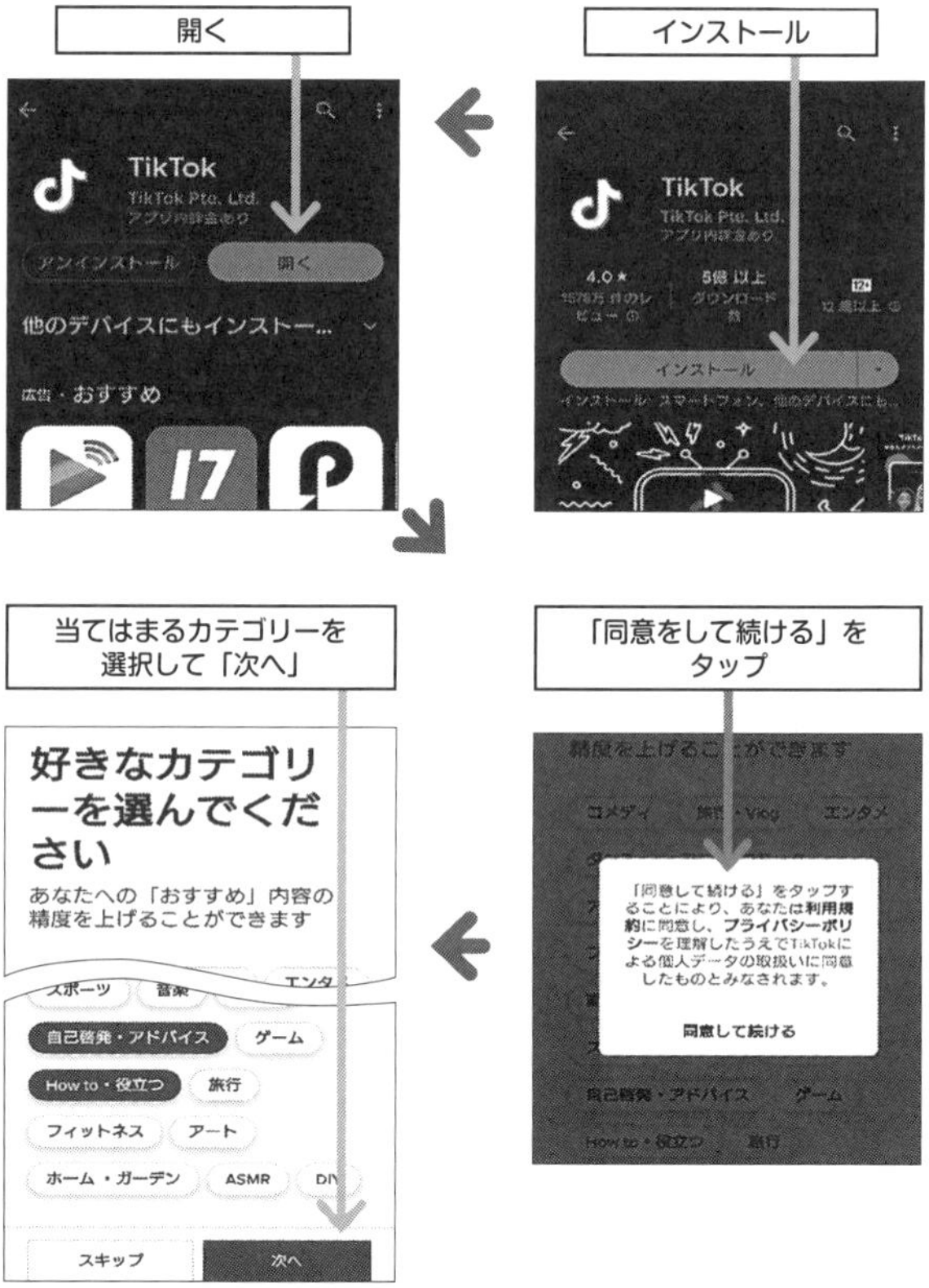

2. アカウント登録

(1) 登録方法を選択

ビジネス目的の場合には、「メール」で登録することをおすすめします。
（社内共有や制作会社などの外注先と共有しやすいため）。

【メールでの登録】

(2) パスワードの設定

- 8～20 文字
- ローマ字と数字が 1 字以上ずつ

例：tiktok2023

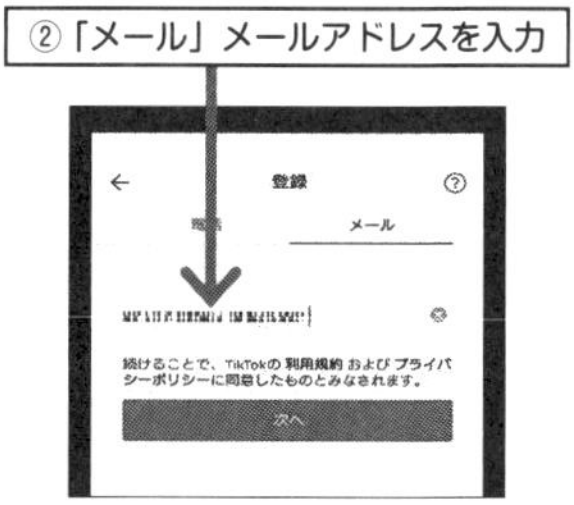

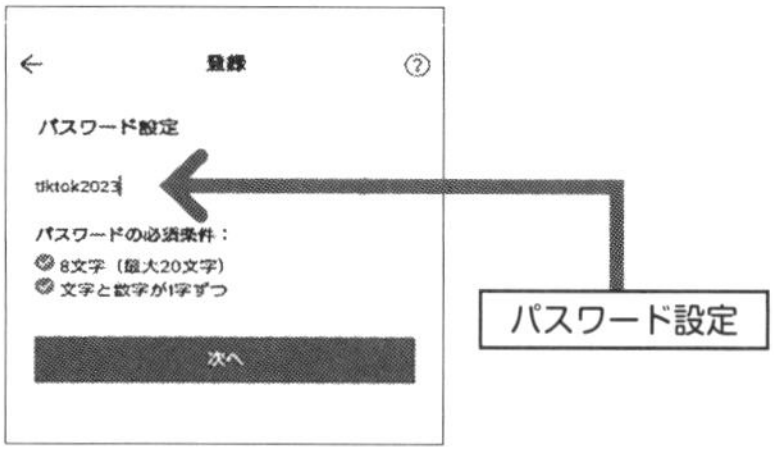

1	2	3	4	5	6	7	8	9	10	11	12	13	14	15	16	17	18	19	20

(3) 生年月日　個人の生年月日を登録（公開されません）

必ず実際の生年月日を登録しましょう。
虚偽は記憶があいまいになるなど、
後々困ったことが起こる原因にも
なりかねません。

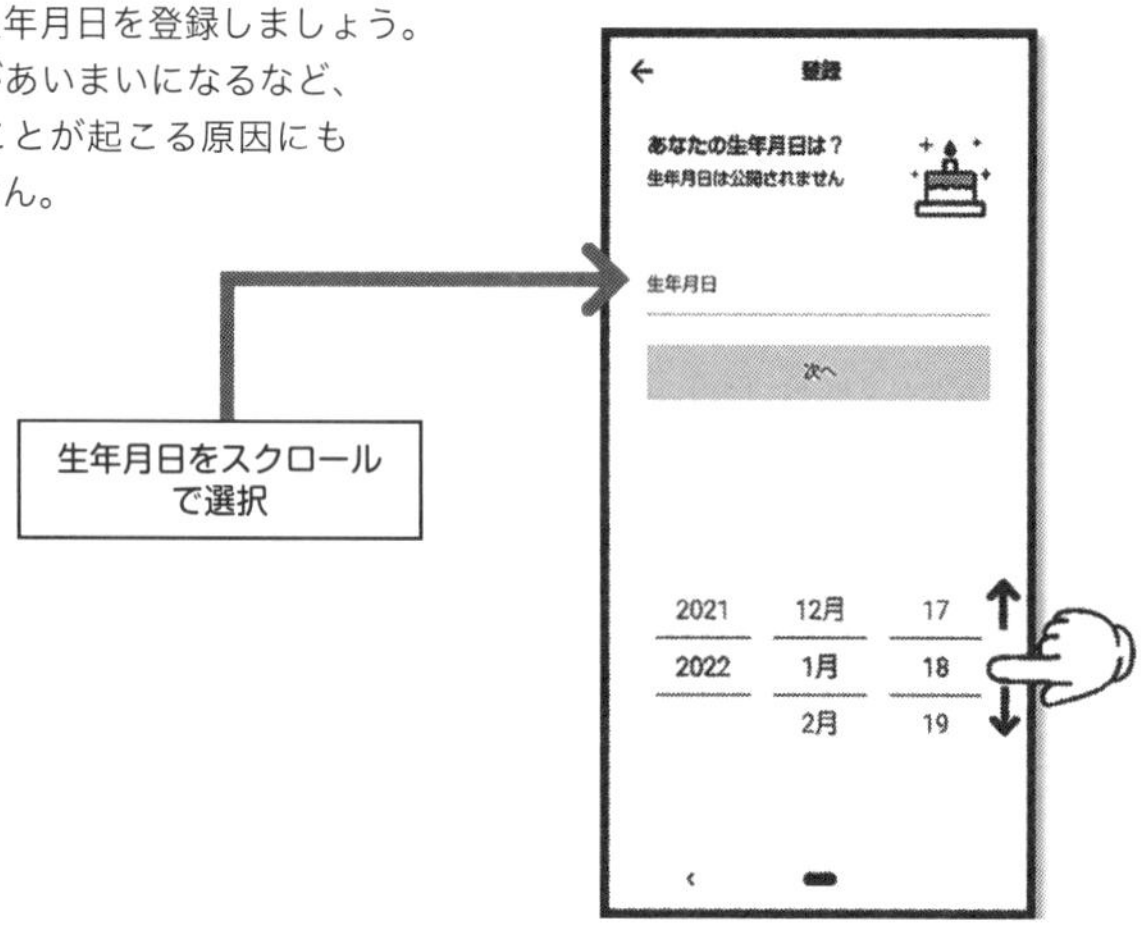

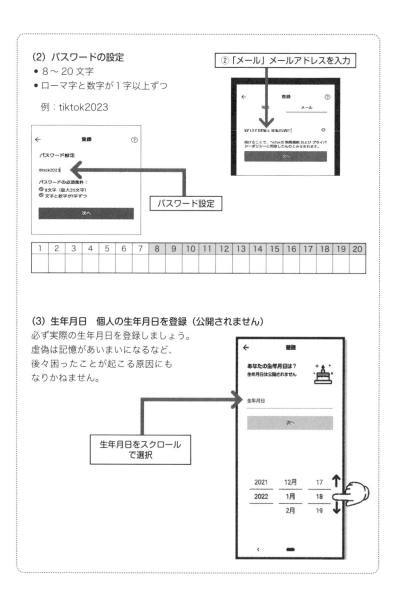

(4) 名前(ニックネーム)の設定

- 30文字以内
- 会社名や個人名のほか、会社のコンセプト、肩書き、などユーザーへ伝えたい情報を載せる。
- ただし、公開される動画上では15文字程度の表示なので、大切なことほど冒頭近くへ記載。

(例) 杉本幸雄 - 110億円売っているコンサルのコンサル@自由が丘

1	2	3	4	5	6	7	8	9	10	11	12	13	14	15	16	17	18	19	20

21	22	23	24	25	26	27	28	29	30

名前(ニックネーム)を入力し確認

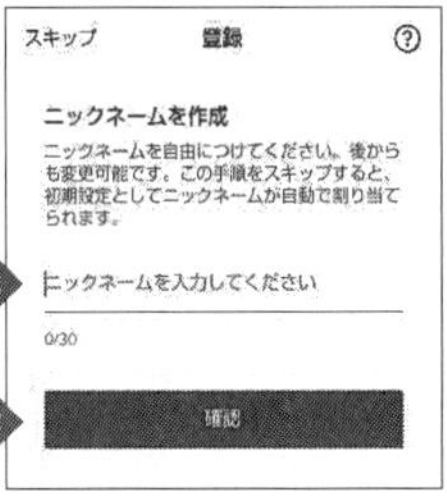

公開される動画での見え方

公開されるプロフィールでの見え方

(5) 連絡先へのアクセスを
「TikTok」に許可しますか？

3. プロフィールの詳細設定

(1) プロフィールアイコン　サイズ 20 × 20 ピクセル以上

プロフィール画像は、ほかのSNSやホームページ、名刺など同一画像を使用するのがブランディングに効果的。

（2）ユーザー名の変更

自動生成のユーザー名をわかりやすいものに変更する

www. tiktok. com/@～

※一度登録すると、30日間は変更不可。

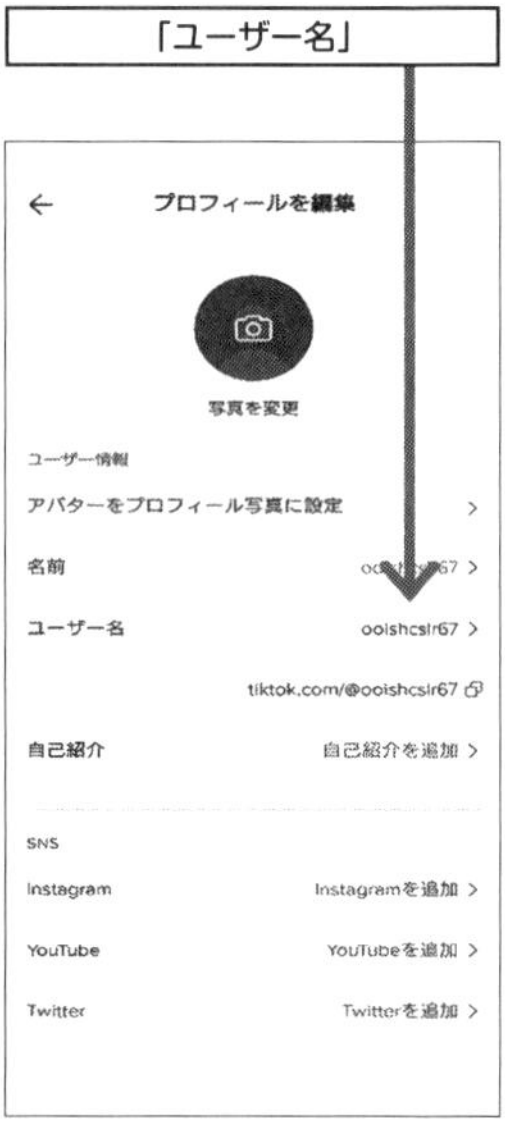

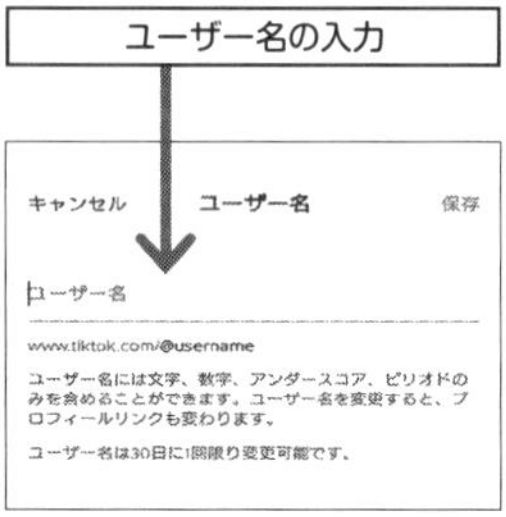

（3）自己紹介

- ８０文字以内

「読ませる」より「見せる」感覚で

何をやっている人か？　どんな実績があるか？　を明記する。相手の欲望(欲しい、なりたい、知りたい）を引き出せるよう表現するのがポイント。

1	2	3	4	5	6	7	8	9	10	11	12	13	14	15	16	17	18	19	20
21	22	23	24	25	26	27	28	29	30	31	32	33	34	35	36	37	38	39	40
41	42	43	44	45	46	47	48	49	50	51	52	53	54	55	56	57	58	59	60
61	62	63	64	65	66	67	68	69	70	71	72	73	74	75	76	77	78	79	80

例：圧倒的実績、１１０億円売ったコンサルタント。片手間ダメ！ど根性® で起業して成功するマインド、マーケティング、セールス、ブランディングなど発信。紙の本２冊を出版。

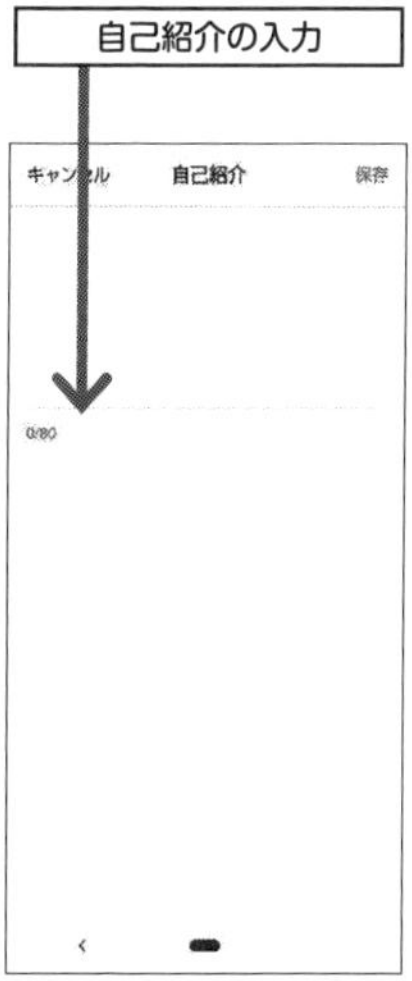

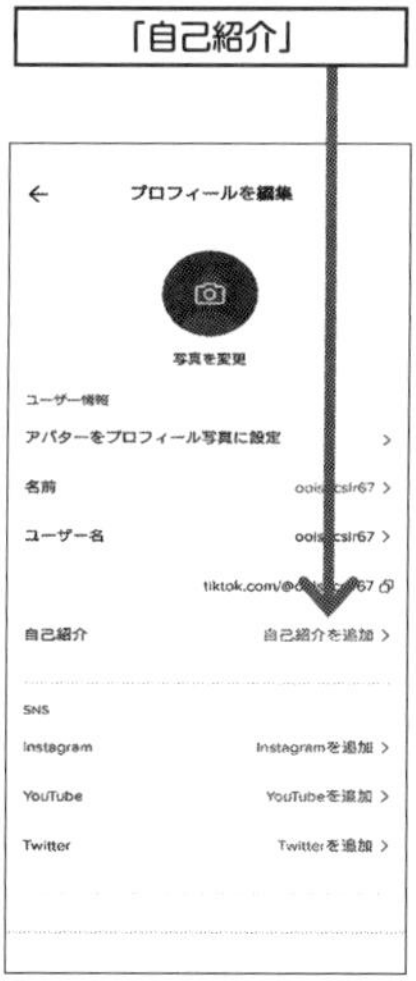

（4）外部 SNS 情報の入力

●ビジネス系ＴｉｋＴｏｋではこの作業がとても重要。

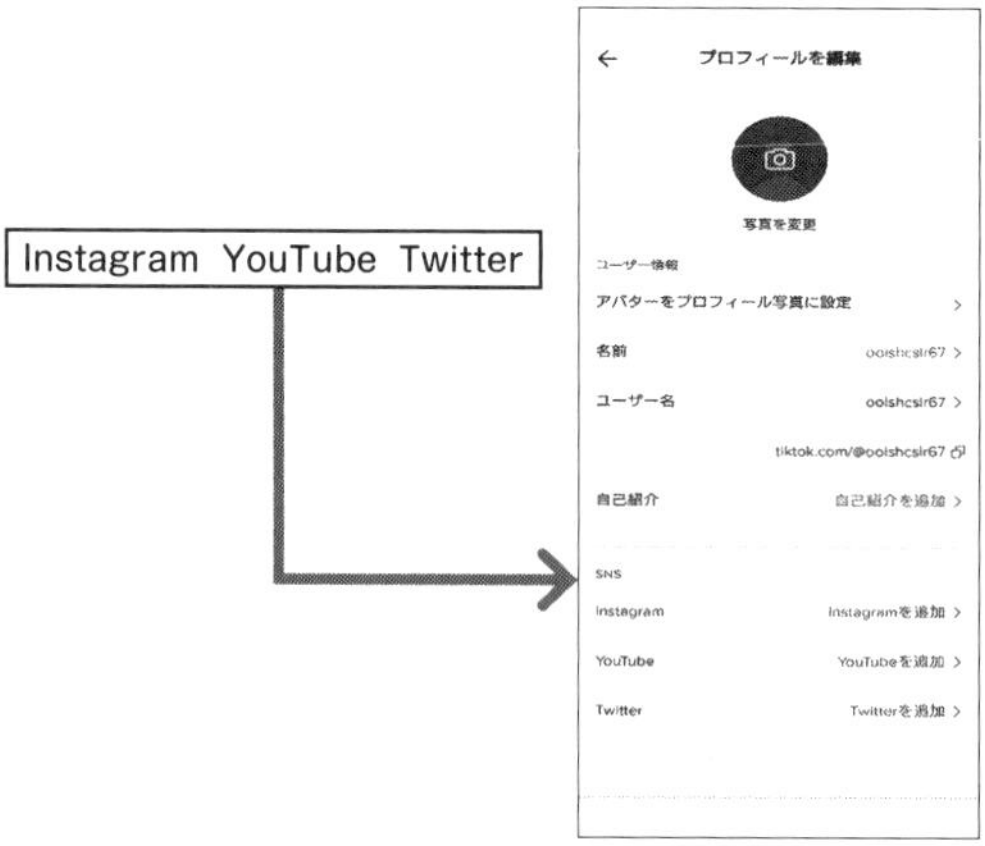

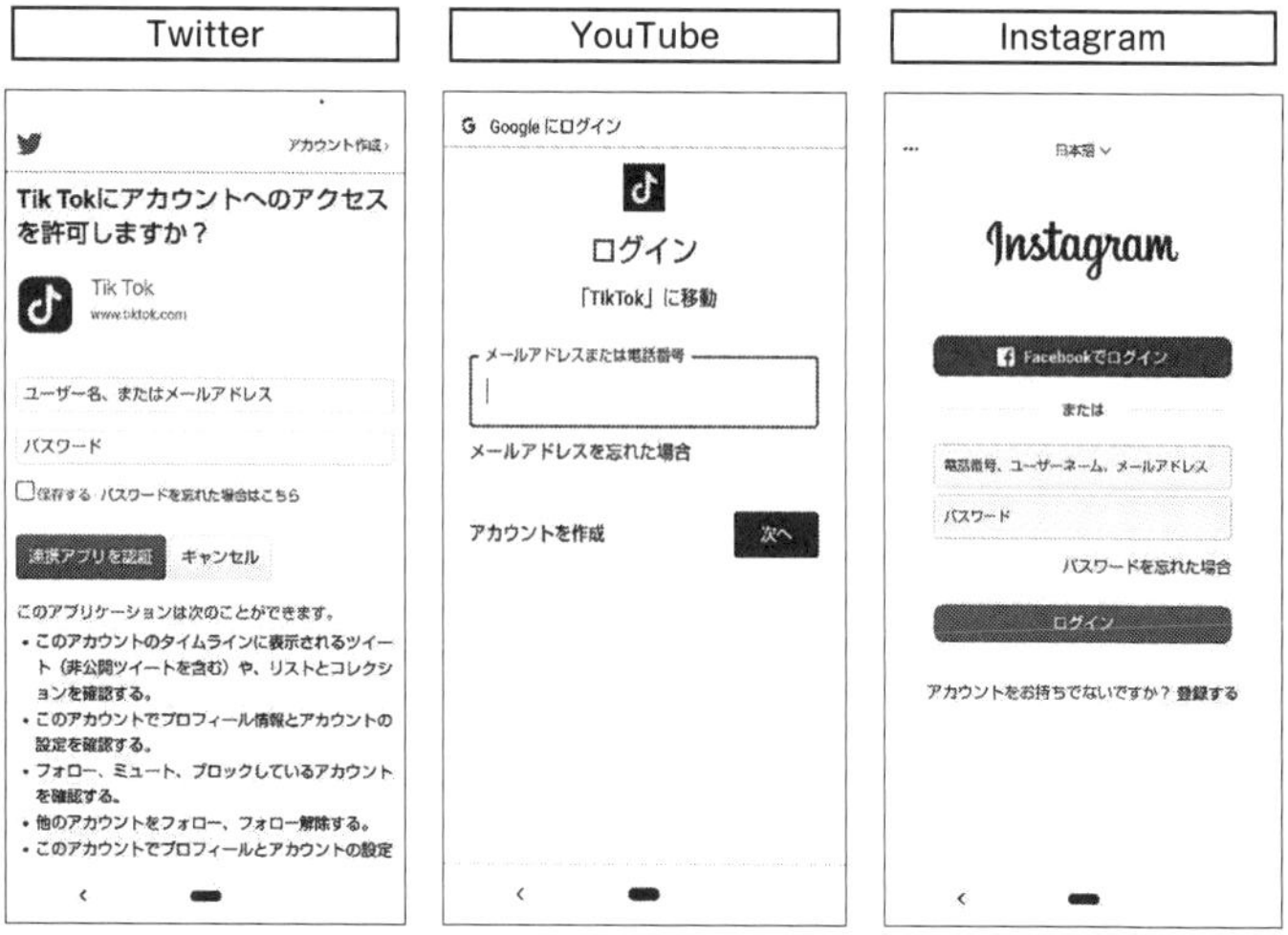

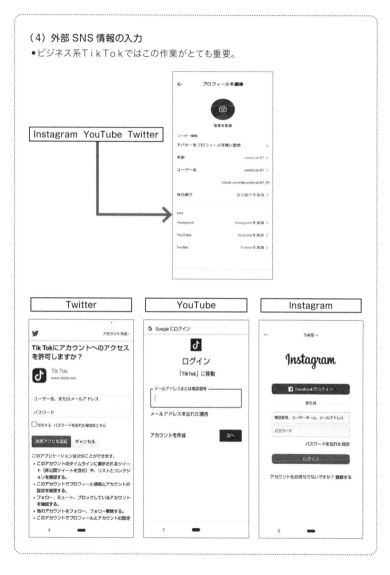

（5）個人アカウントからビジネスアカウントへの変更

● プロフィール画面
①右上三本線 → ②設定とプライバシー → ③アカウント → ④ビジネスアカウントに切り替える → ⑤カテゴリーを選択

◎「コンペティターアカウントの選定」は必須

ビジネスアカウントを開設したら、「競合」にはどんな人がいて、どのようなコンセプトで、どんな動画を制作しているのか？といったことを分析するためにコンペティターアカウントを探します。

コンペティター（Competitor）とは英語で「競争相手」「商売敵」「ライバル」というような敵対的な意味ですが、ここでは違う意味合いで使っています。「見習うべき先輩（成功者）」「お手本」のような存在として選定しましょう。

起業本などでは、定番の成功法のひとつとして「TTP（徹底的にパクる）しましょう」「モデリングしましょう」と言われます。世阿弥の教え「守破離」の「守」にもつながりますが、**「真似ること」こそ、コンペティターアカウントを選定する目的**なのです。

仕事も、はじめは先輩や上司に習い、お手本にしながら覚えていきますよね。それと同じです。ビジネス経験が豊富な方でも、TikTokに参入するときはみなTikTok初心者。ですから、コンペティターアカウントをお手本としながら、初心者が陥りがちなムダや間違いを極力減らし、着実にやり直しなく進んでいきましょう。これこそが、「TikTok集客」や「TikTok売れ」を成功させる、最短の方法のひとつです。自己流は事故につながりますから、大変危険です。

では、どのように「コンペティターアカウント」を見つければよいでしょう？

まず、TikTok画面の右上にある「検索窓」から、自分と同じか周辺の業種や肩書きなどを検索しましょう。コンサル業の方なら「コンサルタント」「コンサルティング」、講師の方なら「講師　セミナー」「講師　研修」、税理士であれば「税理士」「税金」「節税対策」などで検索してみましょう。同業者や類似テーマのアカウント、動画が検索結果として一覧表示されます。

その中から、「この人と自分は似ているかも」「この人はうまくいってそうだな」と思えるユーザーや動画を選んでクリックします。

ここで見てほしい重要なチェックポイントが3つあります。

- ☑アカウント名が本名、または会社名か。
- ☑キャッシュポイントへの導線がつくってあるか？（LPや公式ホームページなど、外部へのリンクがきちんと貼られているか。）
- ☑動画の内容とリンク先の内容が一致しているか。

つい**フォロワー数や再生回数などに関心が向くかもしれませんが、本業の売上加算を目的としている場合、それらはあまり関係ありません**。

もし自分の業種を検索して、ヒットしなかった場合はチャンスかもしれません。先駆者がいないのであれば、自分が第一人者になれる可能性がおおいにあるからです。

このコンペティター探しは、ビジネスアカウントを開設しようと思ったら、早い段階でやってみてください。

同じ業界で頑張っている人、活躍している人、お手本にしたい人を見つけると、ワクワクしてモチベーションもきっと上がりますし、「こういう方向性でやるといいのだ」という目標や基準にもなるはずです。

◎稼ぎたいなら、プロフィールになくてはならない「外部リンク」

ＴｉｋＴｏｋは、プロフィール欄にＴｗｉｔｔｅｒやＹｏｕＴｕｂｅ、Ｉｎｓｔａｇｒａｍなどの外部リンクを貼ることができます。つまり、ほかのＳＮＳに堂々と誘導できるのです。ＴｉｋＴｏｋを入口にほかのデジマのいいところをうまく利用しながら、商品やサービスを買ってもらうことにつなげられるというわけです。

これらの「外部リンク」はＴｉｋＴｏｋからキャッシュポイントであるＬＰや通販サイト、予約ページ、Ｂｒａｉｎ、ｎｏｔｅなどにスムーズに運んでくれます。

ＴｉｋＴｏｋは短尺動画なので、商品や会社についての詳しい説明などをするのには限界があります。それをＬＰや公式ホームページ、ＹｏｕＴｕｂｅの長尺動画、ブログなどで補います。

ＴｉｋＴｏｋ動画とプロフィール、外部リンクを使いながら、ターゲットを上手にキャッシュポイントへ運ぶ「導線」、つまり「儲かる流れ」をつくりましょう。

YouTube、Instagram、Twitter以外のリンク、たとえば、あなたのホームページやブログ、LPのリンクを貼るには条件があります。フォロワー数が1000人以上の場合か、TikTokアプリ内で所定の手続きを経て企業登録を済ませた場合のみです。ちなみに、医師や弁護士、税理士などに多い個人事業主は、企業登録することはできません。

また、見ず知らずの閲覧者にひとつの動画を見ただけでリンクを踏んでもらうことは100%期待しないほうがいいです。ターゲットは、何度も何度もあなたのアカウントの動画を見て、少しずつ興味を持ち、プロフィールで会社や経営者を確認したうえで、まず別のSNSやウェブサイトで情報を見て、最終的にリンクを経てキャッシュポイントへと進むのです。

私の経験値で言うと、ひとつのアカウントでトータル1時間以上動画を視聴してもらうと、その先のリンクに進んでもらえる可能性が非常に高まります。1本の動画を30秒と考えると、約120本分です。少しずつ見ているうちに徐々に興味がわいて、気づけばヘビー閲覧者になっている。心理学で言えば、単純接触するうちに好意的になる「ザイアンス効果」です。

そのためには、定期的に少しでも多く投稿しておいたほうがいいです。たとえば、5時間かけてこだわりの1本を制作するなら、ハイクオリティでなく、もっと簡易に**30分間で1本つくって10本公開するほうが、はるかに多くのターゲットにリーチできます**。また、時間コストやストレスも少なくて済みます。

絵本作家で実業家の西野亮廣さんが言っていましたが、成長しない人は質・量・スピードの優先順位を間違いがちです。初心者が最優先で選ぶべきなのは、「量」そして「スピード」です。まずは質を度外視し、「量」に集中しましょう。量をこなせるようになれば、スピードは自然と伴ってきます。時間にもメンタルにも余裕が出るようになってはじめて、質も考えられるようになります。

また、**アカウントを育てる**という姿勢で動画投稿を重ねていきましょう。潜在ターゲットはじわじわとあなたのアカウントに興味を持つようになり、やがて顕在化して、実際の見込み客、そして顧客へと育っていきます。

これが、ビジネス系TikTok成功へのゴールデンルールです。

◎10分で終わらせるコツ「収録、そして編集、アップロード」まで

ＴｉｋＴｏｋ動画1本あたりの尺（長さ）は、基本的に10秒程度から1分超です。最近の流行は15秒前後と80秒前後です。

ＴｉｋＴｏｋは15秒程度の短尺動画だけだと思われがちですが、「短い動画がいい」「長い動画のほうがウケる」などはアカウントのコンセプトによって異なるので、ひとくくりにはできません。ＴｉｋＴｏｋ動画の適切なあり方はひとつではないのです。

1．話すことを決める――「1動画、1テーマ」で

ＴｉｋＴｏｋはＹｏｕＴｕｂｅと比べてアップするまでの手順や手間ははるかに簡単です。

とはいっても、人前で話すわけですから、いきあたりばったりではなく、収録前には必ず話すことを決めておきましょう。簡単なメモ書き程度でいいので、何をどう話

すか？を書き出しておいたり、どう撮影するか？の絵コンテも用意したりしておけば万全です。

また、1動画につき、主張は「ひとつ」に絞りましょう。あれもこれも言いたくなる気持ちはわかりますが「1動画、1テーマ」と決めましょう。もし言いたいことが3つあったら、3本の動画に分ければいいのです。

2．撮影は基本「一発撮り」――ツッコミどころをあえて残して

動画は基本的に一発撮りのつもりで撮りましょう。アナウンサーや話し方の先生というわけではないので、ちょっとくらいの言い間違いは訂正すればいいだけです。ビジネス系ＴｉｋＴｏｋではキレイでおしゃれな動画や感動巨編を制作するのが目的ではありません。「動画→プロフィール→リンク→キャッシュポイント」と進んでもらうことが目的です。ですから、動画は違和感も引っ掛かりどころもなくすんなりと進行するよりは、むしろツッコミどころ、つまりターゲットの意識を動かす箇所は残しておいたほうがいいのです。コメント欄で「頑張って話していましたね」とか「テロップが間違っているぞ」「小泉構文　草」などと書かれたら、しめたものです（こ

れらはすべて私が書かれたコメントです）。動画の最後までしっかりと見聞きしてくれていないとわからない感想やツッコミだからです。このような場合は「ありがとうございます」と颯爽と返信すればいいのです。

そこからコミュニケーションが生まれ、視聴者との距離がどんどん縮まります。

3. 編集、楽曲、テロップ ―― フルテロップは今や常識

撮影が終わったら、見直して編集を行います。「あのー」や「えっと」などの不要な部分や場面を削除したら、アカウントコンセプトや動画テーマに合わせて、楽曲（ＢＧＭ）を選びます。ＴｉｋＴｏｋアプリ内で選択、投稿すれば著作権に抵触することはなく安心です。

音量調整を行ったら、ＴｉｋＴｏｋでは必須とも言えるテロップ（字幕）を全画面につけます。ＴｉｋＴｏｋでは、視聴者が移動中など音を出せないミュート状態でも問題なく視聴してもらえるように、フルテロップは当たり前になっています。

4. タイトル、ハッシュタグ、アップロード ―― これで完了！

最後に、タイトルやハッシュタグなどを設定し、アップロード。
ＡＩが自動的に審査して、規約違反がなければ公開になります。

30秒前後の動画制作なら、撮影からアップロードまでの工程は慣れれば10分程度で完了しますが、はじめの頃は４時間くらいかかることも。作業は慣れですから、落ち込まないでくださいね。私も最初の頃は何時間も格闘していましたが、今では撮影から編集、アップロードまで、流れるようにできるようになりました。なにより「慣れ」です。気負いすぎず続けてください。

◎「プロモート機能」で視聴回数ＵＰ

売上を伸ばしたいなら、ぜひおすすめしたいのが**「プロモート機能」**です。

なんといっても、1日300円（税別）で、約500回再生アップが望めるからです。最も効果が上がったときには、300円の投資で1万再生を超えたこともありました。どの広告よりもコストパフォーマンスがいいので、使わない手はないと思います。

もちろんビジネス系TikTokの場合、再生数が上がることは最終目的ではありませんが、プロモートは年代・地域・関心などでターゲティング可能なのでターゲットにリーチしやすくなります。

実際、私は300円を投資し、50万円のコンサル契約を獲得したり、1万円投下して合計約200万円の契約につながったりしたこともあります。そのくらい、費用対効果が優れた広告とも言えるでしょう。

しかも、**プロモート機能を使うと、プロモート機能を利用していないときでも「おすすめ」に載る確率が高まります**。プロモート期間中に投稿が多くの人に表示され、「いいね」数がアップし、視聴時間が長くなることで、TikTok運営側から受ける評価が上がるからです。プロモートしていないときでも（オーガニックの再生）、表示回数が増えるという嬉しいラッキーがついてくることが多いのです。

ただし、繰り返しになりますが、**来訪者が増えるより重要なのが、その人たちがき**

ちんとあなたが意図した「導線」をたどってくれるか？キャッシュポイントにたどり着き、お金を落としてくれるか？です。成功の割合は導線づくりがしっかりできているか否かによって、大きく変わります。やはり、ＴｉｋＴｏｋからキャッシュポイントへの導線づくりは成功に欠かせないのです。

いずれにしても、成功の初速を上げたい場合には、プロモート機能の活用はとても有効です。成功を加速したい、そのサイズ感をボリュームアップしたいなら、広告運用は欠かせません。どんなビジネスでも、勝ち組は必ず上手に広告費を使っています。伸び悩んでいる人ほど無料でどうにかしようとこだわったりするものです。

◎スピーディーなOODAループで、チャンスを逃さない

ビジネスアカウントの大きなメリットのひとつに、**「インサイト分析」を見られる**ことが挙げられます。

インサイトでは、再生回数、いいね数、コメント数、シェア数、セーブ数、合計再生時間、平均視聴時間、動画をフル視聴、リーチした視聴者、セッション別動画視聴数、プロフィールの表示回数、フォロワー数などを動画ごとやアカウント全体で確認できます。また、アカウントのプロフィールを見に来た相手も特定できます。地域や性別、年代もインサイトされます。

では、それらのデータをどのような姿勢で分析、対応したらよいでしょうか。

そのためには「OODA」ループ（図4）を利用しましょう。

O：見る、観察する（Observe）
O：判る、状況判断（Orient）
D：決める、意思（Decide）
A：動く、実行（Act）

これまで「PDCA」サイクルが広く知られてきましたが、P（Plan）、D（Do）、C（Check）、A（Action）と、とてものんびりしていて、時代にそぐわなくなっているように私は思います。市場やターゲットの反応は刻一刻と変化を遂げているので、悠長に観察している場合ではないのです。

「OODA」ループは、アメリカ空軍のジョン・ボイド大佐が提唱したフレームワークで、もとは戦闘機による戦闘の勝率を高めるために行われたアメリカ空軍の手法で、想定外の状況を察知したら、すぐに当初の作戦を変えて訂正し、間髪入れずにやり直すというものです。

PDCAに比べて、このOODAは見て、考えてから行動に移すまでの時間が短く、状況への即応性に優れているため、移り変わりの激しい昨今の環境でも十分適用できます。次々と状況を把握・修正し、次のアクションを起こしているので、チャンスを逃しにくいからです。

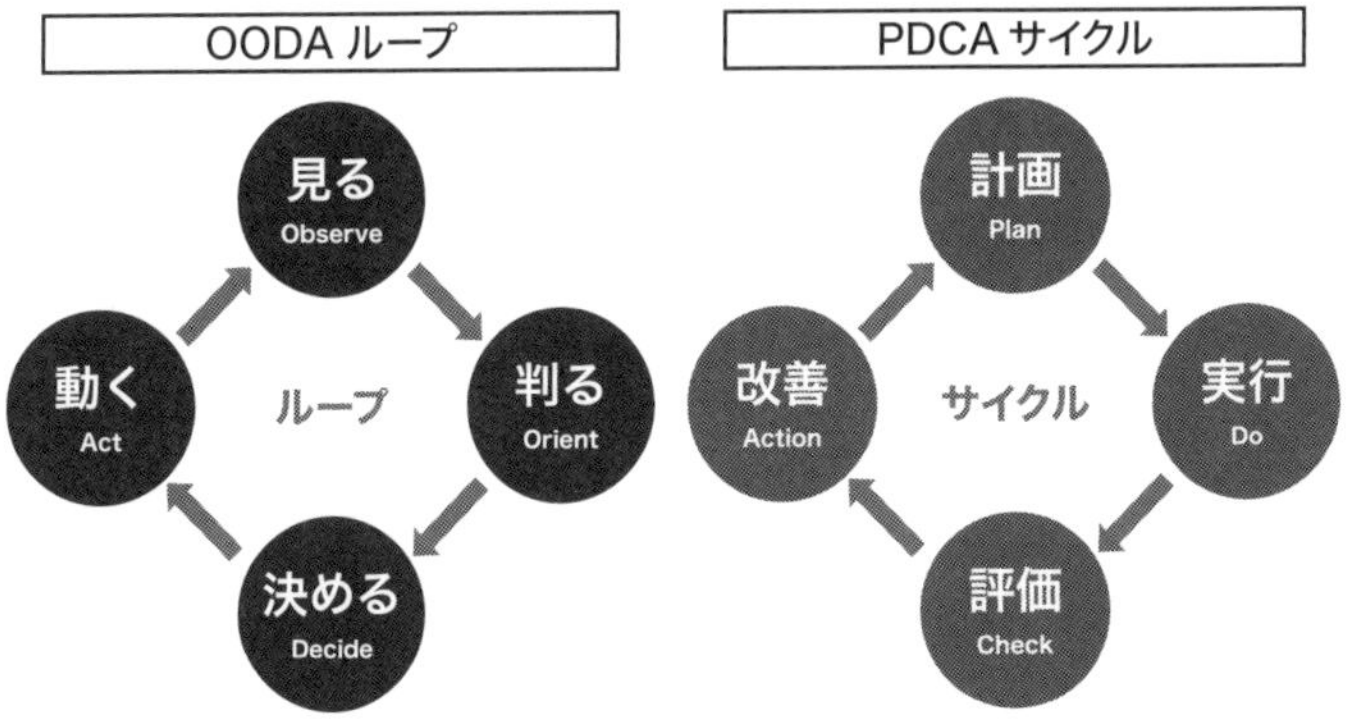

図4

実際、勝ち組のＴｉｋＴｏｋｅｒやネット通販勝者はこのＯＯＤＡをよく採用しています。逆に、俊敏性に乏しい大手企業や保守的な士業、地方の老舗経営者には敬遠されていますから、その他大勢から抜け出したいなら、ＯＯＤＡループはおすすめです。

◎ついリンクを踏みたくなる…３つの感情変化の「Ｄ」

先にもお話ししたように、ビジネス系ＴｉｋＴｏｋは動画を多くの人に見てもらうことがゴールではありません。その先の「導線」に従って、キャッシュポイントに進んでもらうことが大事です。

具体的にはＴｉｋＴｏｋを見たあと、ＴｉｋＴｏｋ内に貼ってあるリンクを踏んでもらいＬＰ、Ｂｒａｉｎ、ＥＣサイト、予約サイト、ブログ、ホームページやＴｗｉｔｔｅｒ、ＹｏｕＴｕｂｅなどに移動してもらうことです。

TikTokから外部リンクに移動してくれる数が多ければ多いほど、あなたは「TikTokリッチ（お金持ち）」に近づいていきます。TikTokの外側にキャッシュポイントが待ち構えているからです。

より多くの人にキャッシュポイントへジャンプするリンクを踏んでもらうためには、3つの「D」を意識しましょう。

3つのDとは…

1. Desire　欲望（なりたい、欲しい、行きたい）
2. Difference　違い・違和感（今までと違う、ほかと違う、変えたい）
3. Detail　詳細（詳しく知りたい、もっと知りたい）

まず、TikTokを見てもらい、視聴者の「欲望」をかき立てます。**「こうなりたい！」「これが欲しい！」「そこに行きたい！」**などの強い欲求です。

具体的には、「この商品やサービスを利用することで、このようないい結果が出る」

という可能性や理想の姿を訴求します。たとえば、健康、美容関連なら「やせます」「キレイになります」「元気が出ます」など、ビジネス系なら「儲かります」「売上アップ」などです（あまり直接的な表現は法やＴｉｋＴｏｋのライセンスに抵触する場合もあるので注意が必要です）。

次に、「違うな」と感じさせます。「今までの商品とちょっと違うかも」「ほかの人とはなんか違うな」「なかなか珍しい店だな」といった違和感を、意図的に視聴者に刷り込みます。ここで言う違和感は「非常識」とも言い換えられるかもしれません。

違いを打ち出すのには、少し勇気がいります。これまでの常識をぶち破るので、否定されることもあるかもしれないし誰も見向きもしない可能性もゼロではないからです。それでも、「なんか違うな」と思わせることはとても重要です。違和感を抱いてもらうことで、3番目の「もっと知りたい」につながります。

また、リアルの場合には「今までと違う」と感じてもらうことではじめて手に取ってもらえます。なにより、ほかと違う商品は競合がいないので、当たればあなただけの「一人勝ち」になれることもあります。

たとえば、私が関わってヒットしたオーラルケアの商品があります。お口まわりの商品と言えば、これまでさわやかさをイメージさせる白や水色を使ったデザインが一般的でした。しかし、その常識を打ち破って、ワインレッドを基調にしたデザインにしたのです。売り場で「ほかと違う」という印象を与え、おしゃれなイメージを与えたことからヒット商品となりました。まさに、業界やそのジャンルの常識をずらし、あえて違和感を際立たせたことで功を奏した商品です。

視聴者の欲望をかき立て、ほかとの違いを感じてもらうことで、3番目の「詳細を知りたい」につながります。**「もっと詳しく知りたいな」「詳細を教えてほしい」「ほかの人はどのように評価しているのだろう。口コミが気になる」**など、興味を抱いてもらい「もっと、もっと、もっと」な状態へと導いていきます。

この3ステップで強い関心を抱いてもらうことで、「買いたい」「利用したい」につながっていきます。TikTokは視聴者と配信者との距離が近いので、「誰が」やっているか？を知ってもらい、気に入ってもらうことで、一気に購買へとつながるのです。

第5章

どうやればTikTokで「バズらせずに売れる」のか？

◎最初に決めておきたい「アカウントの方針」

ＴｉｋＴｏｋで一番重要なのは、なんといってもアカウントのコンセプトをしっかりと定めることです。ＴｉｋＴｏｋのプロデューサーの世界では、「アカウント、どうする？」という言葉があるほどです。

ＴｉｋＴｏｋをビジネスで活用する場合、まずＴｉｋＴｏｋを使ったビジネスモデルの全体像を考えますが、なかでも最初にやりたいのが、このＴｉｋＴｏｋアカウントのコンセプト決めです。この方針を決めずになりゆきで運用をはじめてしまうと、途中で内容にぶれが生じてしまいます。

どうしても動画制作に時間を割きたくなりますが、なによりもまずアカウントの方針を決めることに時間と頭を使いましょう。それが一番ムダも失敗もやり直しもなく、着実に成果を出せる方法です。「思い立ったが吉日」ということわざがありますが、この場合に限っては当てはまりません。ＳＮＳをうまく活用できていない人の大半は思いつきでやっているからです。私の感覚ですが、コンセプトを確立してからはじめている人は2割にも満たないのではないでしょうか。逆に言えばしっかりコンセプトさえつくってしまえば、他者と差をつけることができ、あなたの成功を引き寄せるチャンスがグン！と高まることでもあります。

コンセプトづくりとは、具体的に言うと、「誰に、どのような動画を提供し、どのリンクを踏んでもらい、何を買ってもらうか」をきちんと設定することです。先にお話しした「導線づくり」です。

> **誰に：ターゲット**
> **どのような動画：動画のテーマ**
> **リンク先：キャッシュポイント**
> **何を買ってもらうか：商品やサービス**

誰に、どのような動画、リンク先、何を買ってもらうかの具体的な内容は、自分に合ったものを書き出してみましょう。

【例】コンサルタントで売上を伸ばしたい
誰に：コンサルタント起業で成功したい人に
どのような動画：コンサルタント起業の成功ノウハウを提供
リンク先：LP
何を買ってもらうか：お試しコンサル

【例】自分のセミナーへの参加者を増やしたいスピリチュアル系の経営者
誰に：自分探しをしている人に
どのような動画：スピリチュアルの情報を伝える動画
リンク：自分のホームページ
何を買ってもらうか：セミナー

動画はそれらのコンセプトに基づいて制作します。そうすると、内容の一貫性を保つことができます。一貫性の法則はマーケティングではとても重要で、それはアカウントだけでなく、あなた自身の信用にもつながります。

例外的に思いつきの投稿で成功する場合がありますが、それは出演者やアカウントのオーナーがカリスマ経営者や有名ＹｏｕＴｕｂｅｒなど絶大な影響力や発言力があるときのみです。

◎「キャラ設定」がＴｉｋＴｏｋ戦略の成功を握る

ＴｉｋＴｏｋでのコンセプトがかたまったら、次は**ＴｉｋＴｏｋアカウントのキャラクターの設定（キャラ設定）**をしましょう。

「キャラ設定」とは視聴者に自分をどのように見せたいか？認識してもらうか？の演出です。「自己プロデュース」とも言えます。

キャラ設定の際、**一番に考えてほしいのは、「ターゲットにどのような印象を与えるとお金になりやすいか」**。極端なことを言えば、これに尽きます。

視聴者と同じ立ち位置でフレンドリーに、親しみを覚えてもらうのがいいのか？威厳や品格を感じてもらって敬意の対象になるくらい一目置かれる存在になるのがいいか？など、どんな設定がよいかは職種や立場によって、それぞれ異なります。キャラ設定で成功するためには、「肩書き」をおおいに利用しましょう。人は「すごそう」だと思うと、その相手を「すごい人」だと評価します。たとえば有名大学卒業、社長、一流企業勤務など目立った特徴を見ると、それに引っ張られてその人自身がプラスの評価になるのです。

実際にすごい肩書きがなかったとしても、自分ですごそうな肩書きをつくったり、すごそうな雰囲気をつくり上げたりすることで、あなたも「すごい」と思われることができます。もしITコンサルなら「お金持ちを増やすIT起業家です」と謳うことで、ほかとの違いを伝えることができるでしょう。

私は「ネット通販の魔術師」という肩書きを使っていますが、よくわからないけれどちょっとすごそうで、ちょっとあやしそうな印象を相手に与えますよね。「魔術師って何？」と思わずツッコミを入れたくなると思うのですが、この「ツッコミどころ」が大事でもあります。ただ「Ｗｅｂコンサルタントです」と伝えただけでは、「そうですか」と流されてしまい、印象に残らないですよね。このように相手の記憶に残るような、思わずツッコミたくなるような肩書きを考えるのもひとつの工夫です。

話し方のクセや方言なども、キャラ設定にはとても有効です。たとえば方言は地元愛が伝わり、視聴者との距離感がぐっと縮まります。また、人には話し方のクセがなにかしらあると思いますが、あえて誇張するのもいいでしょう。その人の「個性」として、視聴者の印象に残るからです。

実際に自分のキャラ設定をする際には、「どのような人」（ターゲット）に「どう思わせたいか」（印象）をしっかり設定しましょう。

特に考えてほしいのは、以下の３つです。

1. 属人性（あなたならでは＋あなたらしさ）
2. 一貫性（前にも見たことがあるという既視感）
3. 違和感（ほかとなんか違う）

1. 属人性

せっかくのアカウントですから、埋もれてしまってはもったいない。「あなたならではAあなたらしく」のキャラづくりをしましょう。

2. 一貫性

「前にもなんか見たことがあるな」という既視感を抱かせることが大事です。毎回同じような見た目（服や髪型、メガネなど）や同じ背景、同じセリフや言い回しを使うことで、「こういう服装をしている人」「こういう言い方をする人」と覚えてもらいやすくなります。

3. 違和感

常識の逆をいくことで覚えてもらいやすくなります。たとえば、「先生＝まじめ」、「IT起業家＝イケイケ」という世間一般のイメージをあえてくつがえすのです。

たとえば、私は毎回TikTokでもコンサル時でも、白いシャツに無地のスーツ、赤ネクタイをして登場します。実際に地方の会社の経営者に会うと、「東京のIT系の社長さんなのに、ちゃんとした格好をしているのですね。まじめそうですね。」と言われます。東京のIT系社長はギラギラしていて、Tシャツにジャケットなどラフな格好をしていたりするイメージが強いのでしょう。その印象をあえてくつがえすために、銀行員のようなかっちりした服装をすることで「ほかと違うな」と違和感を抱いてもらうのです。それが差別化になり、印象に残るようになります。

具体的な手法としては、業界以外の人から、自分のいる業界がどのように見られているか?を調べ、その逆をいくと違和感を演出することができます。

ネットの画像検索をしてみるとわかりやすく、たとえばIT起業家なら、「東京IT起業家」で画像検索すると、ドラマのIT起業家役の人たちの写真が出てきます。その見た目から、一般的に抱かれているその職業のイメージがわかるはずです。それをあえて崩し、逆をいくことで違和感は演出できます。

◎何を売るかは「セルフコーチング」で分析、あぶり出す

ビジネスでTikTokを活用する際に考えてほしいのが、TikTokを介して何を売るか？です。

マーケティングには「マーケットイン」と「プロダクトアウト」という考え方があります。マーケットインとは、顕在的なニーズに合わせた商品を提供すること、プロダクトアウトは、自分が「いい！」と思ったものを市場にぶつけていくことです。

ニーズがあるのはもちろん大切ですが、それに自分のできること、やれることを投げ込むことが重要なのです。そのために必要なのがまず「自分を理解すること」です。

そこで、セルフコーチングをしてほしいと思っています。

セルフコーチングとは、自分のリソースを棚卸する作業です。

具体的には、以下の7項目などを事実ベースで確認し、分析、受け入れていきます。

- 知識（自分がこれまでに学んできたこと、知っていること、専門性）
- 技術（自分ができること、技能）
- 資金力（調達力、預貯金）
- 資質（共感性、創造性、論理性）
- 健康状態（体力や健康状態）
- 情熱（どのくらいやる気があるか、継続性）
- 社会性（どのくらい他人の役に立ちたいか、奉仕性）

この作業ははっきり言って、とても面倒くさいし辛くもあります。自分のできることと、できないことが浮き彫りになるからです。時に落ち込むこともあるかもしれません。しかし、これを行うことで、「自分ができること×市場性があること（売れるもの、買いたくなるもの）＝最適な商品・サービス」がはっきりと見えてくるのです。「継続してやることができることを見つける」とも言えるでしょう。失敗する人は、たいていの場合、自分の好きなことにばかりとらわれすぎて、市場価値がないことに手を出してしまいます。必ず、自分ができることを市場性に照らし合わせてみることが大切です。その前段階として、セルフコーチングを行うことをはじめましょう。

◎ターゲットは段々と絞り込んでいけばいい

マーケティングでは、「ターゲットは絞り込めば絞り込むほどいい」との教えがあります。「マーケティングファネル」「ファネル思考」という考え方です。ファネルは「漏斗」という意味で、多くの人（ターゲット）に商品やサービスを訴求してから購入に至るまでの間に、どんどん人数を絞り込んでいく発想です。

つまり、**ターゲットをきちんと設定して、後はどんどんふるいにかけ、顧客はあなた自身で選ぶ発想を持つ**ということです。

たとえば、ターゲット設定として「起業したい人」だけでは幅が広すぎます。同じ起業志望の人でも、投資可能な資金力も異なれば、文化、学歴も違いますし、得意とするジャンルもさまざまだからです。

投稿する動画はまずは簡単なレベルからはじめ、徐々にレベルアップしていきます。すると、レベルが高いものを求めていない人は離脱します。これが第一段階です。

次に、**プロフィールやリンク先のＬＰなどに自分の方針を明記**しておきます。その方針に合わないと感じた人やそれを求めていない人は、この段階で離れていき、さらにターゲットが絞り込まれていきます。さらに、販売する商品の価格を高くすると本気で求めていない人は離れます。こうして、段階を踏みながら徐々にターゲットを絞り込んでいくのです。

これを行うと、あなたが想定するターゲットと、実際にやってくる顧客との間にギャップがなくなり、「思っていたのと違った」「こんなだとは思わなかった」というクレームが激減します。クレーム対応などに割く時間がかなり削減されるので、その分、顧客に割く時間ができるのです。

実は、**経営で重要なのは集客よりも「接客」**です。集客するだけではお客様にはなりません。集まってきた人をどう優良顧客にするか？それは接客にかかっています。

顧客のための時間があれば、相手に寄り添った接客ができますしターゲットに沿ったよりよい商品づくりもできるというわけです。何よりターゲットの心にしっかり刺さるセールスメッセージをつくれるので、より一層購買意欲が強い見込み客を集めやすくなります。

これは、**「いいね！」数やフォロワー数を気にしないからこそできる闘い方**です。

「できるだけ多くの人に買ってもらいたい」という気持ちから、ついターゲットを広げたくなりがちですが、あえて入口を狭めることで「いい出口」をつくることができます。ターゲットを絞り込む勇気を持ちましょう。

「出口」は、「入口」で決まります。

◎商品・サービスにマッチした稼げる「動画の型」（22種類）

「どのような内容や形式の動画を撮ればいいかわからない」

コンサル指導の際にＴｉｋＴｏｋ初心者の方から圧倒的に多く受ける質問です。ＴｉｋＴｏｋ動画には、いくつかの「勝ちパターン」、つまり儲けにつなげられる動画の型があります（図5）。この中から、自分の売りたい商品やサービスに合ったタイプを見つけましょう。ひとつの型にこだわらず、複数の型を掛け合わせたスタイルでうまくいっている経営者や起業家も多くいます。

人は見たり聞いたりすることで聴覚や視覚に刺激を受け、「心地よい」「脳がゾワゾワする」といった反応や感覚を覚えることがあります。これをＡＳＭＲ(autonomous sensory meridian response)「自律感覚絶頂反応」と言います。動画でこのＡＳＭＲを再現できると視聴者からのコメントが増えたり、プロフィール閲覧などの反応をもらいやすくなったりします。残念ながら、このＡＳＭＲを引き出すための絶対解はありません。実験のように、動画をつくって公開したら、インサイト分析を行います。これを繰り返しながら、あなたならではの最適解を探りましょう。

ちなみに、私の場合は下記の「7．声だけメッセージ型」と「14．成功・失敗型」で、50日後に1０００万円の契約を取ることができました。

1. **社長社長型**
「社長、社長、教えてください!」と社長に疑問や経験談などを聞く。起業家向き。

2. **Q&A型**
「こんな質問がきました」「こんなときどうすればいい?」などをたずねる。弁護士や医師、コンサルタントなど先生業向き。

3. **リポーター型**
テレビのリポーターのように「〇〇をやってみた」や、突撃取材や現場体験をする(会社案内、マンションのルームツアー、ホテルの紹介など)。

4. **ふりオチ型**
意外なオチがあるもの(自社の商品を使ってみたら使い勝手がよくなかったが、意外なところにメリットがあったなど)。

5. **お題乗っかり型**
TikTok運営側から随時発せられる「お題」やキャンペーンに応じる内容の動画を投稿(幸福になれる音源、稲妻に打たれましたなど)。販売したい商品との適切性をつくることができれば、想像以上に視聴される。

図5

6．日記ストーリー型

「今日は〇〇に行ってきました」と日々の日記のように。有名人やカリスマ経営者向き。

7．声だけメッセージ型

音声のみの構成。テキストがある場合も（格言、スピリチュアル系）。制作ハードルが低い分、キャッシュポイントに誘うにはやや難易度高め。

8．顔出しノウハウ型

自分自身が顔を出しながら説明（Ｅｘｃｅｌを自分で操作しながら裏ワザを説明など）。

9．顔出しなしノウハウ型

顔を出さずに説明（アプリ画面を映しながら、意外な便利ワザを説明など）。

10．会社案内・自己紹介型

会社の様子や仕事内容などの実態を撮影。収録動画のほか、静止画を次々と見せるタイプも。冊子の「会社案内」では伝えきれない温度感や雰囲気を伝えるのによい。

11．予告編型

映画の予告のように、ダイジェスト版を制作したり、「さわり」を紹介したりすることで興味を引く（書籍、動画教材、アプリの販売など）。

12. **お得情報型**
「評判のダイエット食品が今なら〇〇円」など、お得感をあおる。ネット通販向き。

13. **お客さんと絡み型**
コントのような掛け合い（お客さん役と店員役）。飲食店の紹介、会社紹介など。

14. **成功・失敗型**
「こういう〇〇は成功する、こういう〇〇は失敗する」と比較説明。台本をつくりやすく、業界問わず人気。

15. **まじめ授業型**
授業形式で、「〇〇（教科）の解き方を教えます」「〇〇について解説します」とテーマを決めて解説。講師や行政書士、税理士など先生業向け。

16. **閲覧注意型**
「こういう人以外は見ちゃダメ！」「〇〇な人は見ないでください」。カリギュラ効果で注目を引きやすい。

17. キラキラ型
インスタの延長のような形。「映え」が重要。
一発逆転したい地味系の士業・師業向け。リスクあり。

18. キレ芸型、説教型
キレキャラ、説教キャラを演出。炎上するリスクあり。

19. ビフォーアフター型
使用前使用後を映す（美容院で髪を切る前と後、アパレル店で服のコーディネート変身前・変身後、掃除用品の使用前と後など）。使用前後の変化がわかりやすいサービスや商品向き。ただし、景品表示法や薬機法に抵触しないよう注意。

20. シズル感押し型
料理をつくっている過程から映像だけでなく、音声（炒める音、水の音、食べている音など）も鮮明に。弁当屋、レストランなど。

21. ランキング型
「○○で成功する人ベスト3」を発表。業界問わず人気のパターン。

22．制服ロケーション型
医師、看護師、農業、建設業など、「ユニフォーム」を着て（＋決まった場所で）撮影。

ビジネス系ＴｉｋＴｏｋで定番の人気なのは、「社長社長型」や「Q&A型」「ランキング型」「ビフォーアフター型」などです。大変つくりやすい勝ちパターンの動画の型です。

◎社長社長型「社長に聞いてみた！」がヒットする理由

ＴｉｋＴｏｋ動画の型を全22種類ご紹介しました。
このうち、経営者やビジネスマンの間で人気なのが「社長社長型」。いわゆる「社長に聞いてみた」というタイトルで、社長に質問をぶつけてみたり、「社長！社長！」と従業員が社長を呼び止めて、突撃インタビューを行うパターンです。人気のアカウントに、「勝友美／アパレル女性社長」や「社長を鬼イジり社員」などがあります。

人気の理由は、普段なかなか会う機会のないカリスマ社長さんに視聴者が「エア対面」できることが大きいでしょう。まるで自分が社長に会ったかのように感じられ、その企業との距離が近づくのではないでしょうか。また、社長の素の表情などから、気取りのない人間性を感じられることもあります。

また、成功するまでの苦労や挫折話に現実の厳しさや社長の力強さを垣間見ることもできますし、その姿に憧れを抱くかもしれません。また、ちょっとしたノウハウが学びや気づきになることもあります。なにより、**ドラマではない「リアル」を味わえる**のが一番の理由です。

動画を見て、社長や企業に関心を持った視聴者は、その後会社のホームページやＹｏｕＴｕｂｅ、Ｉｎｓｔａｇｒａｍなどの外部リンクを回遊します。結果的に、販売やリクルート、営業に役に立ちます。実際に投稿を行っている会社はこのようなメリットを実感しています。

ただし、一点注意してほしいことがあります。それは、企業アカウントは個人アカウントよりもリスクを伴うという点です。動画の内容やコメントへの返信によっては、炎上する可能性もあります。

特に、**TikTokは視聴者との距離感が近いため、コメントも書き込みやすく炎上しやすい**です。

先にもお話ししたように、TikTokは「フォロワー主義」ではありません。興味を持って訪れてくれた人だけが見るわけではなく、たまたま「おすすめ」に出てきたので見たという人がむしろ大半です。投稿に対する評価もフラットでストレートになりがちです。それだけシビアに見られていることを忘れないでください。

ですから、「投稿を見てくれている人は、自分のキャラを理解しているはず」「自分の常識は世間も常識」と思い込むと、思わぬ炎上に見舞われる可能性があります。

投稿者の肩書きに関係なく同じ目線に立ってものを言う人も多いですが、それらのコメントに対して不用意に反論してしまうと、これまた炎上の火種となります。これらが拡散され大炎上となった場合、最悪、会社を畳むことにもなりかねません。ですから、軽いノリで投稿したり、一時的な感情でコメントしたりしないこと。従業員が動画をつくった場合やコメントする際にもしっかりとチェックを怠らないようにしましょう。

それさえ気をつけていれば、メリットのほうが多いのはたしかです。まだ企業によるビジネスアカウントが少ない今のうちに、ＴｉｋＴｏｋの世界にあなた優位なポジションを築いておきましょう。

◎30倍再生される失敗ネタ。他人の不幸は蜜の味だけど…

「お客さんとの絡み型」は、販売者や製造者が顧客と共演するタイプの動画で、「コント」がよく投稿されています。

たとえば、飲食店が舞台で、お客さん役が料理や接客に苦情を訴え、次々と無理難題の要求や難癖をつけます。それに対して、店員役が面白おかしく切り返していくという展開です。このタイプの動画は再生時間率を稼ぎやすい傾向にあります。言ってみれば、お笑いを見るような感覚で、どんなオチ、結論で終わるのかが知りたくてついつい最後まで見てしまうのです。

「他人の不幸は蜜の味」という言葉がありますね。たとえば、大炎上、大クレーム、トラブル、倒産、大赤字などは他人がおもしろがるネタです。心理学で「シャーデンフロイデ」と呼ばれ、わかりやすく言えば「ざまあみろ」の心理です。

この場合、クレームやトラブルを大幅にデフォルメして、面白おかしくコントに仕立てるのはいいですが、リアルに起こった顧客からのクレームやその対応を撮影して動画にまとめて投稿するのはおすすめしません。視聴者に誤解を与えかねないからです。

ＳＮＳは「あなたが知らない、未知の人にも届く道具」です。つまり、**自分の知らない世界、自分とは異なる価値観を持つ人にも届く**ということなのです。自分では「正しい」と思って取った行動でも、まったく異なる解釈をする人もいますし、「悪意がある」と取られる場合もあります。動画を投稿したことによって、クレームやいやがらせ、ひどいときには執拗な攻撃をされる可能性も考えられます。

「失敗ネタ」は再生数が増大するから、と動画ネタにする経営者もいますが、失敗者からものを買いたいと考えるでしょうか。実際、失敗ネタからリンク先をたどって、キャッシュポイントにたどり着くことは非常に少なく、売上を期待することはできません。ですから、ビジネス系ＴｉｋＴｏｋに「不幸ネタ」を使うことはおすすめしていません。

第６章

TikTok「７つのキャッシュポイント」がビジネスの運命を変える

◎「売上」にフォーカス！　ビジネス系TikTokの全体像

ここでは、TikTokをビジネス活用する際、どのように視聴者に動いてもらうか？の導線についてお話ししたいと思います。

全体の流れは次のようになります。

1．投稿したひとつの動画をきっかけに、今までに自分で投稿したほかのTikTok動画も回遊してもらう。

⇐

2．動画を発信したアカウントに興味を持ってもらう。

⇐

発信者が何者なのか？を確認するため「プロフィール」を見てもらう。

3．アカウント内にリンクされたSNSなどの外部リンクを回遊してもらう（もっと詳しく情報を得たい、という視聴者ニーズを満たし、関心と欲望をもたらす）。⇐

4．キャッシュポイントにつながる「リンク」を踏んでもらう。⇐

5．商品の内容や価格などを確認してもらい、クロージングする（商品購入、申し込み完了）。

ビジネス系TikTokでは、とにかく「売上」という結果が重要です。大前提として、「売上のためにTikTokをやるのだ！」と強い意識を持ちましょう。

ですから、売上のもととなるターゲット以外の人にウケを求める必要はまったくありません。「いいね」や「フォロワー」は気にしなくていいのです。「でも、たまたま知ったという人の中から、もしかしたら買ってくれる人が現れるかもしれないし…」とほのかな期待を抱くかもしれませんが、それはまずあり得ません。無駄骨になる作業が増えるばかりか、感情も翻弄されるだけです。

繰り返しになりますが、**いいねやフォロワーは売上には直結しません**。ですから、ウケ狙いを優先して投稿するのはムダです。もし、これからビジネス系TikTokをはじめるのに、「一発、ウケを狙って踊ろうかな？」と考えている人がいたら、今すぐやめましょう。よく見かける「踊る」「笑顔」「歌」をやる必要はありません。バズらせる必要はまったくないのです。

しつこいですが、TikTokは「入口」、売上が「出口」です。そして、入口の質と量が、出口の質と量を決めます。ここで言う出口の「質」と「量」とは「顧客のクオリティ」と「売上のサイズ感」です。TikTokから入ってきた視聴者のクオリティが高ければ高いほど、顧客のクオリティも高くなり売上のサイズ感も大きくなります。ビジネス系TikTokerなら「踊らない、笑わない、歌わない」そのほうが、質の高い視聴者をとらえることができます。

あなたがターゲットとして望まない人、歓迎しない人にはむしろ動画を見てもらわない、フォローされないように仕向けましょう。ターゲットの可処分所得が高いほうがよければ、ＴｉｋＴｏｋ動画やリンク先にしっかりと販売価格を明記したり、どれくらいの年収の人が対象なのかを明記したりしておくといいでしょう。

◎ビジネス系ＴｉｋＴｏｋにフォロワーは不要

ＳＮＳをやっていると、「フォロワー数」を増やさなければ！という気持ちになってしまう人は多いでしょう。実際、「ＴｉｋＴｏｋはフォロワーが大事！お互いにフォローし合い、フォロワー数を増やしてビジネスにつなげましょう」とすすめる人がいることはたしかです。

でも、それは大きな勘違いです。その考えは、今すぐキレイさっぱり捨てましょう。

ＴｉｋＴｏｋにフォロワーは、はっきり言って不要です。

買ってくれないフォロワーはいりません。ですから、自分から積極的にフォロワー集めに走る必要はありません。**自然とフォロワーになってくれた人を歓迎するだけでいい**のです。それでも、商品はきっちり売ることができます。

フォロワー数が多ければ多いほど売れるのは、大手企業で大量に商品を売りたい場合です。具体的には、全国展開しているコンビニやスーパー、チェーンストア、それから楽天市場やＡｍａｚｏｎなど大手通販サイトなどで不特定多数をターゲットに広く販売している、飲料水やお菓子、家電、日用雑貨などの商品です。多くの場合、潤沢な予算がある大企業が広告宣伝費やＰＲ費を投じて話題づくりをし、ムーブメントを起こすことで売上を伸ばす戦略なのです。

一方、弁護士や税理士、コンサルタントなどの先生業や、店舗数が限られた来店型ビジネスを運営している場合は、フォロワー数をやみくもに増やすより、**フォロワー数が少なくてもあなたの訴求メッセージがターゲット一人ひとりに深く届いていることのほうが売上に直結**します。

ターゲットではないフォロワーが大量増加したところで、投稿動画やその先のプロフィール、そしてキャッシュポイントに興味を持ってもらえない確率は非常に高いです。そして、このような「非アクティブ」なフォロワーが多いアカウントは、TikTok AIからの評価が下がります。アカウントの価値が下がってしまうため、レコメンドされる可能性も低くなってしまうのです。

フォロワー数が多いほうがかっこいいし見栄えもいい、と感じるかもしれませんが、ビジネス系TikTokでは本質的なメリットはひとつもありません。

◎「リストマーケティング」は一切不要

メールアドレスやLINE登録をしてもらって、後日、ステップメールやメルマガ、ステップLINEなどを送ることで読者を教育し、最終的には商品やサービスを買ってもらう「リストマーケティング」という手法があります。集客セミナーなどでは「積極的に行いましょう！」とすすめられるかもしれませんが、私は一切やっていませんし、はっきり言っておすすめもしません。

なぜなら、手間ばかりかかるからです。手間をかけると、「やっている感」は出ますが、タイムパフォーマンス的には決していいとは言えません。特に、従業員数が少なかったり、ひとりで起業していたりする人も多いですから、この作業を行うくらいならTikTokをもっと充実させましょう。

まずは、TikTokに動画を定期的に投稿すること。そしてブログやnote、SNSなど、TikTokアカウントからのリンク先を充実させておきましょう。そのほうが効率的ですし、じわじわとファンになってもらえます。

◎ビジネスの運命を変える「7つのキャッシュポイント」とは？

冒頭から繰り返しお伝えしていますが、ビジネスにおいてTikTokはあくまでも「入口」で、重要になるのはTikTok動画からお金を生み出す「出口」となるキャッシュポイントにどのようにつないでいくか？の「導線」です。

お金を儲けるための具体的な場所となる「キャッシュポイント」は大きく7つあります。

①LP（ランディングページ）

商品単品の通販やサービスの販売、集客に特化した申し込み専用サイト。タテ長1ページで構成されることが多い。コンサルタント業、師士業、単品通販向き。

②EC（ネット通販）

複数の物品をネット販売するサイト。自社ドメインショップ、楽天市場やAmazon、ヤフーショッピングなどのモール型ショップがある。

③Brain（知識共有プラットフォーム）

自分のノウハウを記事などにし、値付けして販売することができる知識共有プラットフォーム。クレジットカード決済のみ。アフィリエイト設定が可能なので、値付けや料率が高ければコンテンツが拡散されやすくなる。

④note（メディアプラットフォーム）
クリエイターなどが文章や画像、音声、動画を投稿し、ユーザーがそのコンテンツを楽しんで応援できるメディアプラットフォーム。有料設定が可能。

⑤Instagram
TikTokで集めたターゲットをInstagramに誘導する企業も多い。飲食店、アパレル系、コスメ関連向き。

⑥YouTube
TikTokでチラ見せし、「続きはYouTubeで」と促してYouTubeに誘導、収益につなげる。YouTuber向き。

⑦LINE
TikTokから、公式LINEへ誘導。視聴者を教育して関係を構築し、最終的にZoomやTeamsなどでセールス、売上につなげる。

そのほか、食べログなどの予約サイト、コーポレートサイト内に誘導して、売上を上げるパターンもあります。

◎うまくやれば8割がバックエンド商品を購入してくれる

何度も言いますが、ビジネス系ＴｉｋＴｏｋは「一発勝負」のツールではありません。動画投稿を重ねながら視聴者を教育し、**エンゲージメントを強化してお金を支払ってくれる顧客に育て上げることが重要**です。

新規顧客にとって、いきなり定価で商品を購入するのはハードルが高いことが多いです。そのため、まずは値ごろ感のある手軽な「お試し商品＝フロント商品」から購入してもらいます。実際に試して、そのよさを体感してもらってから本格的なバックエンド商品を購入してもらう。これが**「2ステップマーケティング戦略」**です。

フロント商品の役割は、言わば「お見合い」です。

フロント商品は５００円でもいいです。１００円で販売している方もいます。私は、戦略的に99％ＯＦＦで販売していますが、うまくいっています。

つい「お客様にいかに選んでもらうか？」ばかりを考えてしまいがちですが、この段階でやりたいのは**「事業者として、このお客様と長くつき合えるか？」をしっかりと見極める**ことです。相性や支払能力についても、しっかりチェックするのです。もし「この人とは長くつき合えそうにないな」「この先、お金をきちんと支払ってくれるか心配」など不安を覚える要素があれば、バックエンド商品はセールスしないほうがいいでしょう。

ＴｉｋＴｏｋ動画から、ＳＮＳ、ホームページなど数多くの情報を確認したうえでフロント商品を申し込んだ視聴者は、商品やサービスに対してとても好意的です。

私の場合で言えば、バックエンド商品にたどり着くまでに、自分自身や商品やサービスを十分知ってもらうための情報発信を、ＴｉｋＴｏｋのほかにブログやＹｏｕＴｕｂｅ、Ｔｗｉｔｔｅｒ、Ｆａｃｅｂｏｏｋ、自著でしっかり行っています。その結果、フロント商品を購入した方の約８割がバックエンド商品（顧問コンサルティング指導）を申し込んでくれています。

フロント商品を購入してもらう前には、事前に「バックエンド商品には興味がありますか？　購入する予定がありますか？」等の意思確認をしておくといいでしょう。そうするとバックエンド商品を申し込まない人たちを把握することができるからです。その人たちは、たいていの場合、「安いのだけ買ってみる」という気持ちが強いので、いくらバックエンド商品についての説明をしても聞く耳を持たないことがほとんどです。また、相性やレベル感が合わない場合も多いので、無理に申し込ませようとする必要はありません。

◎興味を持った潜在顧客は過去動画と全SNSをチェックする

これまで、あなたのことをまったく知らなかった人でも、投稿したTikTok動画を見て興味を持ち、あなたや商品やサービスを「よさそうだな」と思いはじめることがあります。先ほどご紹介した「3つのD」（105ページ参照）のように、投稿を見るたびにどんどんあなたのことが気になり、もっと知りたくなっていきます。その過程は、ちょっと恋愛と似ているかもしれません。

気になる人ができると、「どんな人なのかな？」「どんなことをしているのかな」など気になり、調べたくなるのではないでしょうか。ビジネスの場合も同じです。

ＴｉｋＴｏｋの動画を見て興味を持ったら、あなたのアカウントやプロフィールなどを確認します。

次に、リンク先のＹｏｕＴｕｂｅ、Ｔｗｉｔｔｅｒ、ＩｎｓｔａｇｒａｍなどのＳＮＳや公式ホームページをチェックします。あなたが著書を出していたら本も買って読んでくれるかもしれません。購買意欲が強い見込み客ほど多くに目を通し、あなたを事前にチェックします。このとき、ホームページが何年も更新されていなかったり、ＴｉｋＴｏｋの動画の内容とほかのＳＮＳやブログなどの印象が異なっていたりすると、相手は一気にあなたへの興味を失い、導線から離脱してしまいます。

ですから、**ＴｉｋＴｏｋとほかのＳＮＳやメディアの印象や主張は統一させ、整合性を取りましょう**。金太郎あめではありませんが、どこを切ってもどれを見ても、同じ印象を与えるよう、事前に整えておきましょう。

◎今までとまったく違う独特なハッシュタグ（#〇〇）のつけ方

動画を投稿する際、動画タイトルと共にハッシュタグ（#〇〇）を設定するのは今や定番です。ただし、ＴｉｋＴｏｋのハッシュタグはほかのＳＮＳとは大きく異なるので、注意が必要です。

ほかのＳＮＳでのハッシュタグは、ユーザーが見たい投稿や解説を検索したり、似たような趣味や関心を持つユーザー同士で話題を共有したりするのが目的でした。

それに対して、ＴｉｋＴｏｋのハッシュタグは、**「ＴｉｋＴｏｋ ＡＩに知らせるためのもの」**です。

繰り返しになりますが、ＴｉｋＴｏｋに投稿された動画はすべてＡＩによって審査、評価され、興味を持っていると判断された視聴者にレコメンドされます。つまり、ＴｉｋＴｏｋのハッシュタグは、ＡＩに「どのような内容か」を知らせるために必要なものなのです。これはＴｉｋＴｏｋを使いこなすために超重要なポイントです。

ですから、必ず投稿する動画の内容に合致したハッシュタグをつけましょう。実際、動画の内容とハッシュタグにアンマッチがあると、審査に落ちる可能性があります。私の見解では、TikTokはYouTubeよりも審査が厳しいです。せっかく動画をつくって投稿しても審査を通過できず公開されなかったり、審査に完落ちしない場合でも、レコメンドされずに再生回数が一桁や二桁で止まってしまう場合もあります。

たとえば経営戦略の本を出版したコンサルタントが、動画で一般的なマーケティングの話をしているときに、ハッシュタグに「#書籍名」を設定するのはアンマッチです。投稿動画の内容に沿っていないとAIは認識するからです。

ビジネス系TikTokで儲けたいなら、アカウントの価値を落とさないためにも、AIに誤認されることはしないほうがいいでしょう。

ハッシュタグの設定では、**同業他社となるコンペティターアカウント（90ページ参照）を参考にするのもおすすめ**です。同じハッシュタグをつけたコンペティターアカウントにレコメンドされ、自分の存在を知ってもらえる可能性が高まります。

よく、バズらせたいからと動画の内容と関係のない今流行りのキーワードを設定したり、「#fyp」「#おすすめのりたい」「#運営さん大好き」などを設定しているものを見かけますが、特にビジネス系TikTokでは意味がありません。

そもそも、ビジネス系TikTokでは、バズる必要もありませんから、これらのキーワードをつける必要はまったくありません。

このようにTikTokのハッシュタグはほかのSNSと意味合いがまったく異なります。TikTokの場合は、必ず動画の内容と一致させることが鉄則です。

第７章

ビジネス系 TikTok の最強活用術
「リピーター・ファン獲得作戦」

◎TikTokは未開拓顧客との出会いの宝庫、潜在顧客を顕在化させる方法

TikTokがほかのSNSとかなり違うことは、これまでの話でずいぶんわかっていただけたのではないでしょうか。

一番の違いは、何度も繰り返しますが**「フォロワー主義」ではない**という点です。ほかのSNSが、フォローしてくれた人に見てもらうのに対して、TikTokユーザーは、通常「おすすめ(レコメンド)」のフィードに従って視聴します。私の推察では、TikTok AIはあなた自身でさえ気づいていない「潜在的ニーズ」を鋭く読み取っていると思います。あなたがターゲットとしている人以外にも、検索履歴、視聴動向、「いいね」やコメントの書き込みへの反応履歴などのデータやTikTok外のオンライン上の情報から、「興味を持ちそうだ」「潜在的ターゲットだ」とAIが判断した人たちにもあなたの動画をレコメンドしてくれるのです。

つまり、**フォロワー数がゼロでも、何十万人、何百万人に動画を見てもらえる可能性がある「レコメンド主義」**です。

これまであなたが事業を行うときに「対象外の属性」としてスルーしていた未知の領域の相手にも、あなたのＴｉｋＴｏｋ動画がレコメンドされます。そこから、予想外の新規顧客を獲得するチャンスが生まれるのです。実際、事例として挙げた方たちは、ビジネスにＴｉｋＴｏｋを活用することで、当初のターゲット層とは異なる年代、属性の人たちを顧客にすることに成功しました。

私はコンサルタント、プロデューサーとして、「もっと稼ぎたい」と考える、ある程度実績があるプロの方たちをターゲットにＴｉｋＴｏｋをはじめましたが、実際に続けてみると、その周辺部分に存在する起業したての人、学生や副業中の会社員、主婦の方たちからの申し込みや問い合わせも着実に増えています。

ＴｉｋＴｏｋでは、ブレないアカウント方針を保ちながら、自分のノウハウやナレッジを、設定したターゲットに向けて投稿し続けることで、**潜在顧客を「顕在顧客」に変える**ことができるのです。

◎「ワンパターン」があなたの価値を高める

ＴｉｋＴｏｋに限ったことではありませんが、発信する内容について「なるほど！」「たしかに」「この人の言うことはうなずける」など、信頼し納得してもらうことはとても重要です。信じてもらうことで、「この人の言う通りにするとよさそうだ」「ほかの動画も見てみよう」「この人のおすすめしている商品を買ってみよう」「セミナーに申し込んでみよう」と次のステップに進んでもらえるからです。

では、信頼を得られる「先生」「専門家」ポジションを確立するためにはどうしたらいいでしょうか。答えは、「毎回同じような主張を訴求する」ことです。つまり、内容に一貫性を持つということです。私も「ビジネス系ＴｉｋＴｏｋは売上が目的なので、『いいね』も『バズり』も必要ありません」「ＴｉｋＴｏｋはキッカケで入口。導線をしっかりつくっておきましょう」と、何度もしつこく伝えています。この本でも繰り返し書いていますね。これも一貫性です。

動画のテーマはもちろん、口調や服装、ヘアスタイルなど、すべて「いつも同じ」「ワンパターン」を堅守しましょう。見た目の印象は同じがいいです。

私は、いつも似たような服装、ヘアスタイルで登場しているほか、動画でも静止画でもネット上では決して笑いません。戦略的に笑顔を見せないことで、「まじめな先生」という雰囲気や強くて頼り甲斐がある印象づけを行っています。これはTikTokに限らず、ほかでも同じです。飲み会など、プライベートのオフショットは一切公開しません。

稲盛和夫さんも孫正義さんも、イチローさんも、超一流は私的場面を公開していません。身近な雰囲気を持つ人気TikTokerの岡野弁護士も、実はきちんと公私の線引きをしています。

いつも同じだと、ワンパターンで飽きれらないか心配になる人もいるかもしれませんが、大丈夫です。「毎回同じ」は視聴者に安心感を与えますし、意識に刷り込まれます。

飽きるのは実は視聴者でなく、あなた自身のほうかもしれません。「たまには違ったことをやってみよう」と考え、せっかく浸透してきた印象やブランドを無駄にしてしまうことのないよう気をつけましょう。「覆水盆に返らず」です。

◎「GIVE、GIVE、GIVE」の途切れない投稿で「単純接触効果」が最大化

リアル店舗では、毎日訪れてくれる常連さんをつくり、「今日はこれがおすすめですよ」と伝えて売り上げることも多いでしょう。しかし、ネットビジネスは、会ったことも話したこともない見知らぬ人たちに商品やサービスを買ってもらうことで成長するものです。

そこで、先ほども述べたとおり「信頼」が特に重要になってきます。株式投資にたとえるなら、ターゲットや見込み客にあなたの商品やサービスが「大化け銘柄」「期

待銘柄」だと思ってもらうことです。信頼してはじめて買い付けられるのです。買い付けはネットビジネスで言う、「新規申し込み」「リピート注文」「顧問契約」などを受けることです。

そのために、ぜひビジネス系TikTokに「単純接触効果」を取り入れましょう。1968年、アメリカの心理学者ロバート・ザイオンス氏が提唱した心理効果で、特定の人やものに接する回数が増えれば増えるほど、その人やものに親しみを覚え、好印象を持つようになります。

まずは、TikTokを定期的に投稿し、たくさん触れてもらいましょう。

そうすることで、以下の5つの効果が得られます。

1. 認知

何はなくとも、知ってもらわなければはじまりません。まずはアカウントの存在を知ってもらいましょう。売れない最大の理由は「知られていないから」です。

2. 関心

アカウントの存在を知ってもらったら、視聴者のうちの何割かに「自分には必要なものだ」「自分のためのものだ」と自分事としてとらえ、関心を持ってもらいます。

3. 教育
関心を持ってもらったら、ノウハウや情報を提供することで、視聴者自身の課題点に気づいてもらいます。じわじわと視聴者を教育していくのです。

4. 期待
自分の課題点に気づいてもらったら、その解決策があなたの商品やサービスにあるのではないか？と期待を持ってもらいます。

5. 信用
あなたの実績や人柄を確認してもらい、信用を高めます。あなたやあなたの商品は、信用に値する商品で、「これは活用できる」と感じてもらいます。

ここで、重要なことがひとつあります。

情報発信は「ギブ アンド テイク」ではなく、**「GIVE、GIVE、GIVE！」の姿勢で臨むことです**。「GIVE、GIVE、GIVE！」は、私流に意訳すると、「打算的貢献」あるいは「戦略的提供」です。

たとえるなら、「デパ地下の試食」でしょう。試食は単に食べてもらいたいわけではなく、試食の後でその商品を買ってもらうという意図があります。試食した人の約5分の1が購入し、試食の機会がない場合の最大3倍の購買率とも言われています。

「GIVE、GIVE、GIVE！」は、まず、ターゲットにノウハウを提供したり、体験してもらうことで相手の役に立ってメリットを感じてもらう考え方です。

その後は、タイミングを見計らって、必ずフロント商品のセールスをすることで売上をしっかりと上げるのです。これを忘れると、ターゲットをフリーライダー化させてしまい、「取られ損」になるばかりです。

「ｗｉｎ－ｗｉｎの関係」と言いますが、決して自分と相手が同時にｗｉｎするわけではありません。順番で言えば、「ｗｉｎ，ａｎｄ ｗｉｎ」、まずは相手が先にｗｉｎし（貢献して勝たせる）、その後にあなたがｗｉｎする（相手を勝たせることが自分の実績にもなり、結果的に儲かる）という構図です。しかも、最終的には圧倒的に販売者のほうが多くｗｉｎできるのです。

トップ10％に入るビジネス系ＴｉｋＴｏｋｅｒは必ずこれを実践しています。

◎「エッジの効いた主張」でターゲットを厳選化（限定ターゲティング）

勝てるＴｉｋＴｏｋ動画の型などを先述しましたが、くれぐれも「普通」は目指さないでください。「普通ですね」は経営者にとって悪口以外の何物でもありません。キレイにまとまった動画は、一見いいように思えるかもしれませんが、特徴が薄いため、毎日山のように投稿される動画に埋もれるだけです。

特に、中小のベンチャー企業や個人事業主の方、起業家は、エッジが効いた、個性の強いＴｉｋＴｏｋ動画をつくることを意識しましょう。そのほうが視聴者の意識に残ります。「あなたらしさ」「あなたならでは」の内容を盛り込みましょう。

普通ではないものを創造するにはまず自分の業界の「競合他社」の特徴をポジショニングマップ（図６）に書き出してみましょう。そして、マップ上の「空白地」を狙

（例）コンサル市場のMAPイメージ

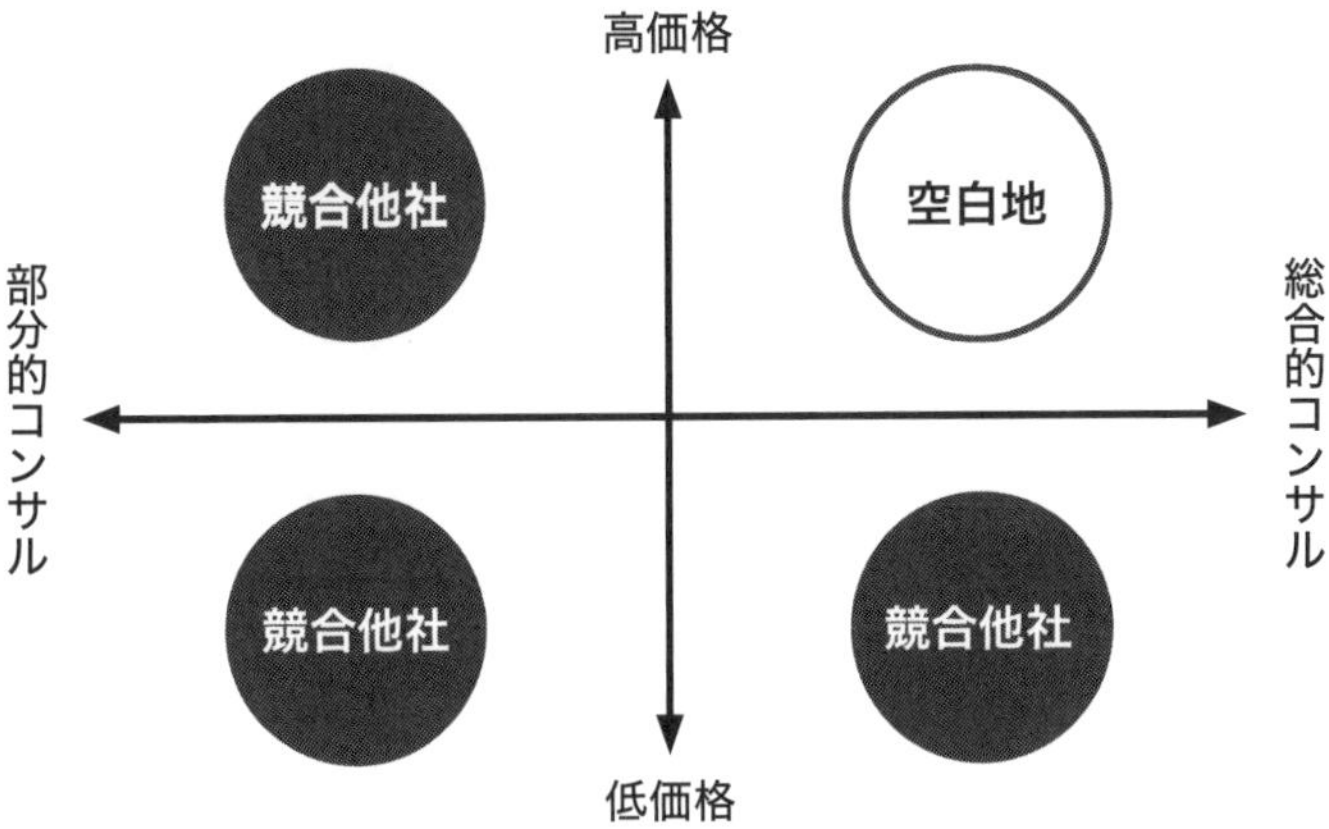

図6

うのです。

さらに、普通ではない、真の「差別化」をはかるために「限定ターゲティング」をおすすめします。これを行うことで、支持してくれる人の数は絞られますが根強いファン（信者）をつくることができます。リピーター率の向上、客単価アップの効果も狙え、広告宣伝費や発信量を抑えられるので、一顧客あたりのコストパフォーマンスは格段に跳ね上がります。

限定ターゲティングを有機的にするワンランク上のブランディングには次のような手法があります。

1. リバースブランディング

時代の流れに逆行する価値で差別化をはかる。「リバース（ｒｅｖｅｒｓｅ）」は「反対方向へ」という意味。

（例）Ｚｏｏｍ、Ｔｅａｍｓなどオンライン講座が急増したなか、あえて「リアル講座」「対面指導」を重視する。

2. ブレークアウェイブランディング

既存の分類を書き換える価値で差別化する。「ブレークアウェイ（ｂｒｅａｋａｗａｙ）」は「離脱する」という意味。

（例）電話、ＰＣ、時計、財布、カメラ　→すべての機能をひとつにまとめた新たな価値が「スマートフォン」。

3. ホスタイルブランディング

あえて、好感度に背を向ける価値で差別化する。「ホスタイル（ｈｏｓｔｉｌｅ）」は「敵意」という意味。

㈲ カロリーや糖質、栄養が気になる、少しくらい割高でも健康が大切というヘルシー志向の今、あえてそれらを度外視した「デカ盛り」商品は好調。

◎ふつうの顧客が「ファン」「信者」に変わる三種の神器

プロ野球選手やアーティストに「ファン」が必要なように、ビジネス系ＴｉｋＴｏｋでもファンは貴重な存在です。

「ファン」とは、繰り返しお金を支払ってくれる「リピート顧客」であり「お得意様」のことです。たとえ「いいね」やフォローしてくれたとしても、動画を見てくれない人やあなたへの支払いが１回限りの人は、残念ながらファンとは呼びません。ファンとはヘビーユーザーで、あなたのためにお金と時間をたくさん投下してくれる人のことです。

ファンかどうかを判断するには、定番の「RFM分析」と私オリジナルのプラスαを使います。

- **R：Recency：最終購入日**
  最後に購入した日からどれくらい経過しているか。日にちが直近になるほど高得点。
- **F：Frequency：購入頻度**
  一定期間内に何度購入したか。回数が多いほど高得点。
- **M：Monetary：購入金額**
  一定期間内の購入金額の合計実績。金額が多いほど高得点。
- **プラスα：レビューの書き込み数、ブログやSNSなどでの紹介数、新規顧客の紹介人数など**

このような基準で顧客ごとに加点していき、合計点数で顧客を「Sランク」、「Aランク」…、「Eランク」などに分類します。ランク上位の人が「ファン」です。

さらに、ファンの中でも、大ファンになってくれる人、つまりすべての基準で最高点になった人が「信者」です。

お試し客から信者に昇格してもらうには「三種の神器」があります。

それは、「バックエンド商品」「クロスセル商品」「アップセル商品」の3つです。

1. フロント商品（お試し商品）：お試し客←ファンではない

2. バックエンド商品（一番のメイン商品）：普通の顧客←ファンではない

3. バックエンド商品の継続購入＋クロスセル商品（ついで買い商品）：常連さん←ファン

4．3に加えて、アップセル商品（VIP専用商品）：大ファン＝信者

リピーターやヘビーユーザーであるファンを創出することで、ビジネスは格段に楽になります。というのも、新規顧客を獲得するのはリピーターを創出するより5倍大変だからです（1：5の法則）。コストも時間もかかります。

言い換えれば、一度顧客になってもらった人にさらに購入してもらうのは、新規開拓の5分の1の労力でいいということです。壁がすでに取り払われているだけでなく、あなたに対して好意的でもあるからです。

利益率も利益金額も多く、ストレスも少ないリピーター、そしてファンを創出すればするほど、あなたは楽に儲けられます。

◎既存客の「自慢ネタ」になれば紹介客は最初から尊敬してくれる

世界的マーケティング調査会社のニールセン社の調査結果によれば、最も信頼できる認知媒体は「自分が知っていて信頼している人」からの紹介で、回答者の83%が、「友人や家族の推薦を完全に、またはある程度信頼する」と答えています。

たしかに、家族や親しい友達に「あの商品、よかったよ」と言われると試してみたくなりますし、「あのレストラン、接客がイマイチだった」と聞くと行く気持ちが薄まりますよね。このように、有料の広告より無料の口コミや紹介のほうがはるかに影響力があるのです。まさに「口コミは圧倒的パワー！」です。

最初の「お試し」は宣伝すれば売れやすくなりますが、2回目以降はその商品の実力や経営者の人柄がモノを言います。しかし、身近な人からの推薦があれば初回購入も2回目以降も強力な後押しになるのです。

実際、「あの先生の指導を受けてから、売上がぐんと伸びたんだ」と既存客に話題にしてもらえるよう、私は常に戦略的に意識してクライアントと接するようにしています。それを聞いた相手に「そんなに実力のある先生なら、自分も依頼したいな」と思わせると、私のクライアントになってもらえる可能性が非常に高くなるからです。この**何気ない日常的な会話の一言には100万円以上の広告価値を有しています。**

口コミという点で言えば、**「悪い評判もすぐに広まる」ことを忘れずに。**見込み客や顧客、過去客とのコミュニケーションやSNSでの他愛ない発言にも気を遣いましょう。意外かもしれませんが、若い人より中高年の方が感情に任せた発言をして炎上しがちです。「オンラインは顔が見えないから言いたいことを言いやすい」などと考えているとしたら大間違いです。口頭の発言は目には見えずに消えますが、オンラインでは記録がはっきり残ります。「デジタルタトゥー」という言葉もあるように、極端なことを言えば、未来永劫誰かの目に触れる可能性があるのです。TikTok上でクライアントの批判や愚痴などは、名前を伏せてあったとしても親しい人が見ればすぐにバレますし、予想以上のトラブルにも発展することもあり得ます。

また、社長など高い役職に就いている人ほど、強めの発言をすることが多いです。会社では周囲の人たちも目上の人と認識して敬うかもしれませんが、ＴｉｋＴｏｋ上ではただの１アカウントとしてしか見られていません。ブランディングしていない上から目線での発言は炎上のもとです。自分のリアルなコミュニティと同じ感覚で「おまえさ」「バカじゃない」などと発言したり入力したりするのは要注意です。たとえ、フレンドリーな気持ちであったとしても、第三者は誤解をすることも多いからです。なかには、自分の予想をはるかに超えた解釈もする人もいることを忘れないでください。**あなたの発言は全世界に発信され、誰でも視聴できますし、記録されています。**自分でやることすべてがよくも悪くも「宣伝材料」になります。

◎１件４２０万円の「高額コンサル」を着実に売るマニュアル

私は、標準顧問コンサル指導代金を年間４２０万円で販売して、15年になります。

当初より、「まぐまぐ」や「アメブロ」、「Google+」、Facebookやリアル講座、書籍など、自分が勝てそうなツールを活用しセールスを伸ばしてきました。

ここ最近は、「TikTok +LPまたはBrain +書籍 +ZoomまたはTeams」の組み合わせで売れ続けています。

まずTikTokが入口となり、リンク先のキャッシュポイントであるLP(Brain)に進んでもらいます。その後、ダイレクトメッセージでコミュニケーションを重ね、自著を読んでもらって、最終的にクロージングはZoomなどで行います。

ここで**重要なのはどのツールを使うか?ではありません**。

重要なので何度も繰り返しますが、「売れる導線、勝てる導線を確立させること」につきます。

ビジネス系TikTokで、高額報酬を得るコンサル指導を売る秘訣は次の5つです。

1. 実績をつくる

多くのターゲットは失敗する確率を減らしたいので、実績のあるコンサルから買いたいと考えます。ですから、具体的な実績は意図的につくり出します。

2. 実力をつけておく

前評判やセールスメッセージがうそにならないよう、メリットやベネフィットをどのクライアントにも再現できる力を身につけておきましょう。再現率50%以上を死守することです。

3. コミュニケーションする

時間をかけてターゲットや見込み客と「GIVE、GIVE、GIVE」(156ページ参照)のコミュニケーションを重ね、相手を観察し洞察しながら、相手の現状認識と課題点を把握します。

4. セールスする

相手の課題点を解決したり、欲望を満足し得るコンサル指導サービスを提案します。

5. 未来を共有する

クロージングでは、「このように進めば、あなたの目標は達成できますよ」という「相手が欲しい成果を得るまでのプロセス」を説明します。「1年目は○○」「2年目△△」と具体的に示すのが大切です。買ってもらえない人は、この場面で「必死になって頑張らせてもらいます！」など、意気込みばかりで具体性のない発言をしてクロージングに失敗するのです。

この5つのステップを踏めば、高額な商品も無理なく販売することができます。
もちろん、その前にしっかりとターゲティングすることは大前提です。
「ニーズ × 支払能力 ＝ ターゲット」です。

第8章

売上を逃すな！
ビジネス系 TikTok で
やってはいけないこと

◎視聴者は「最初の5秒」で見るかどうかを決める

視聴者はおすすめから再生された動画をどのくらいの時間で「見るか、見ないか」判断していると思いますか？

正解は「ほぼ0秒～5秒の間」です。これは、私が視聴分析を重ねて判明したのですが、実に70％以上の視聴者がこの間にスクロールして離脱しているのです。私以外の専門家の9割以上は「最初の2秒間が大切」だと言っています。しかし、動画の冒頭2秒の間に工夫や施策を含ませるのは多くの人にとってかなり困難です。ですから、私は「5秒間」と定義をしています。

つまり、この5秒が「その後」を決定づけます。言ってみれば、この5秒は視聴者との「お見合い」時間です。仲人役はＴｉｋＴｏｋ ＡＩ。あなたは引き合わせてもらった視聴者とのご縁を大切にし、最終的には「結婚相手」、この場合で言えば「顧客」としてＬＴＶ（Life Time Value）がより高いお付き合いを実現させるのです。

この5秒の間には視聴者に越えてもらうべき「3つのハードル」があります。そのハードルを視聴者が越えたとき、動画をきちんと見てもらえる、視聴維持率が一気に高まるのです。

「3つのハードル」とは、以下の通りです。

第1のハードル：「この動画は見ない」と切り捨てる（離脱）…〜0・3秒
第2のハードル：「どんな動画だろう？」と少し思う（検討）…0・3秒〜3秒
第3のハードル：「とりあえず見てみよう」と判断をする（仮視聴）…3秒〜5秒

あなたの動画に出会った視聴者は、これらのハードルを秒速で越えながら、動画を最後まで見ようか決めています。たいていは第1、第2のハードルで離脱してしまいます。しかし、3つ目のハードルをクリアしたら、視聴維持率は一気に伸びます。それは、売上を上げるための「導線」を進んでもらう最初のステップでもあります。

このように、動画の最初の5秒間の「出来」が、あなたの売上を大きく左右します。

◎3つのハードルを楽々越える3つの施策

5秒間に、見るか見ないかを決定する3つのハードルを越えてもらうためには、次の3つが重要になります。

1．タイトル

タイトルは、一目見ただけで内容が明確にわかるもの、「知らないと損する」「え？なんのこと？」「そんなはずない」と興味を引きつけることができる違和感があるもの、メリットやお得感がわかるようにします。

2．楽曲

楽曲選びは、視聴時間率を稼げるキーファクターのひとつです。たとえば、ターゲットの年代に合った曲を選びます。聴き覚えのある曲につい聞き入ってしまい、気づけば5秒以上経過していて、3つのハードルをなかば自動的に越えさせています。
また、テンポの速い曲を選ぶと、話もテンポよく聞こえます。与えたい印象に合わせて戦略的に選びましょう。

3. 雰囲気
最初の5秒間で「この人（動画）は、ほかとは違っていそう」「なんだかよさそう」「わけがわからないけれど、魅力的」と、期待させる「雰囲気」を醸し出すことが大切です。

ここでいう雰囲気で伝えたいのは、あなたの世界観、空気感、もっと言うとあなたの持つ「エネルギーやオーラ」です。不安な人は動画を公開する前に、まず第三者に見てもらい、忌憚のない意見を聞いてみましょう。「安心感があった」「パワーを感じた」などと言わせたら、意図する雰囲気が伝わった可能性があります。たとえいい話をしていても、自分をつくり演じすぎていると、奥行を感じられず薄っぺらい動画になってしまいます。

「ターゲットとなる人の役に立ちたい」という強い情熱が雰囲気をつくり上げます。

この3つのハードルを越え、視聴時間率が高いと、TikTok AIに評価され、さらにレコメンドされることにつながります。レコメンドがレコメンドを呼ぶのです。

こうして、高評価のループを生み出しましょう。

◎動画制作で気をつけたいポイント3選

動画制作の際には以下のことに気をつけましょう。

1．自己紹介、テーマの説明は不要

YouTubeだと、冒頭で「私は○○です。今日、このような企画（テーマ）で話します」と自己紹介や内容の説明をしますが、TikTokでは不要。必要な場合には字幕（テロップ）を利用しましょう。これだけで約20秒の節約が可能になります。

2. 5つの「ない」に注意

「読めない」「見えない」「聞こえない」「わからない」「気分がよくない（不快）」の5つがないようにしましょう。これらは即離脱の原因になります。

3. まず「結論」から

アンチクライマックス話法で、最も伝えたい結論や目的をまず言います。「言いたいのは○○です」からはじめて、動画の終了までに見どころや聴きどころをいくつか用意して視聴者を引きつけます。

「動画は冒頭のインパクトが大事です」と伝えている本もありますが、それは半分正解で半分は間違いです。というのも、インパクトの与え方によっては視聴者を不快にもするからです。冒頭で視聴者を不快にさせる定番は、いきなりの「顔デカ映像」です。最近では、転職支援サイトのテレビCMで著名人や俳優さんの顔がモノクロでデカデカと出てきて、苦情が殺到したと言います。認知度を上げられるかもしれませんが、この戦術は諸刃の剣なので十分検討したほうがいいでしょう。

◎バズらせても売上にはつながらない「赤ちゃん」「猫」「料理」「セクシー系」

ＴｉｋＴｏｋで人気のネタと言えば、赤ちゃん、猫、料理、恋愛系やセクシー系です。これらのネタをアップすれば、ウケてバズる可能性は高いです。

先日、私は自宅でいい加減に撮影し、編集もせず字幕もつけない赤ちゃんの動画を個人アカウントでアップしたのですが、ビジネスアカウントの実に10倍以上の再生回数を記録しました。ほかには、歴史上の偉人、有名人の名言や自己啓発本に載っているような「人を元気づける言葉」を紹介する動画なども関心を引きやすく、再生回数や「いいね」の数は増えます。

しかし、売上目的のビジネス系ＴｉｋＴｏｋの場合、動画の内容とあなたのビジネス内容があまりにもかけ離れていると、たとえどんなに動画がバズったところで売上にはほぼ１００％つながりません。

事例をご紹介すると、Ａさん（主婦）は、身内のスイーツのネット通販を手伝おうとＴｉｋＴｏｋをはじめました。Ａさん自身はスイーツの知識がなかったので、自分が語れるネタを…と自身の「恋愛」体験を投稿することにしました。恋愛ネタで視聴者に興味や関心を持ってもらい、そこからリンク先の通販ページに移動し、購入してもらおうと思いついたようです。しかし、結果は惨敗。スイーツはまったく売れませんでした。

Ａさんの失敗理由は、商品はスイーツ、なのに動画内容は恋愛と、まったく関連し合っていないことにありました。恋愛ネタの動画はバズりましたが、ラブストーリーを楽しんで視聴していた人もスイーツの販売が目的だったと知ると、「なんだ、これを買わせるために見せられていたのか」としらけて即離脱してしまいました。

この場合の解決法として考えられるのは、Ａさん自身が専門性を持って話せるものに販売商品やサービスを変えることです。恋愛のネタを発信したいのなら、恋愛コンサルタントとして恋愛相談サービスや恋愛セミナーなど、それに関連する商品やサービスを売るのが無理のない流れです。

もしくは、商品と動画のネタをリンクさせること。スイーツを販売するなら、それに詳しい人にインタビューし、スイーツにまつわる話を投稿するという方法です。

また、こんな例もありました。

Bさん（男性起業家、コンサルタント）は、コンサルを販売するためにＴｉｋＴｏｋを活用することにしました。

上場している誰もが知る大企業のマーケティング戦略について解説する動画を投稿しはじめ、ＴｉｋＴｏｋを見た人からは頻繁に問い合わせが来るものの、いつも申し込みには至らず、売上はほとんどありませんでした。

Bさんの失敗原因は、「動画内容」にありました。自分の実績ではない無関係の大企業の経営戦略や成果の情報を会社四季報や経済紙、ネットで調べ、それをコピペするように動画を制作していたのです。

Bさんの動画を見た視聴者は、Bさんが解説していた大企業の顧問コンサルタントだと思って問い合わせるものの、実際はBさんには関係のない例だとわかって連絡が途切れる、というパターーンでした。

Bさんはその後アカウントを削除し、アカウントコンセプトを一から再考して新規アカウントをつくり直しました。

まず、ターゲットを法人から個人事業主や副業をしたい人に変えました。Bさん自身、起業家なので、自分の経験を自分の言葉で語ることができるからです。そして、ターゲットやコンセプトに合わせた導線づくり、動画内容に変更しました。2カ月目を過ぎたあたりからTikTokの成果がぐんぐん出て、売上は飛躍しました。

誰もがやりがちなことですが、ビジネスの内容と動画の内容は必ず合致させること、アカウントのコンセプトとキャッシュポイントは最初にしっかりと練っておきましょう。思いつきではじめて、売り上げられずにやり直すよりも、正しい手順で着実に進めるほうが、結果的にコスパもいいですし、タイパも圧倒的に高いです。

◎「投稿頻度はどれくらいがいいのか」問題

「TikTok動画はどのくらいの頻度で投稿すればいいですか？」という質問をよく受けます。

私が考える一番いい更新頻度は**「自分が更新し続けられる頻度」**です。

やりがちな失敗に、最初のうちは毎日のように投稿するものの、次第に失速して投稿頻度が毎日から週3回に、そして週1回、月1回…と減っていき、あるときパタッと更新が途絶えることです。はじめはモチベーションが高くて頑張れても、次第に熱量が落ちてくるのでしょう。

実際、私がフォローしているアカウントの8割は、はじめ興味深い動画を毎日のように上げていたのに、いつのまにか投稿がストップしてしまい、今では更新が滞っています。

私の経験や検証から言うと、**最低でも週1回は投稿したほうがいい**ように思います。

私自身は週１回以上投稿すると決めていて、目安としては、４日に１本の間隔で更新するくらいのつもりでいます。あまりかっちり決めすぎると苦しくなってしまうので、ほかの業務と並行し最低レベルのクオリティを保ちながら長く継続することを最優先にしましょう。

ブログでもＳＮＳでも、１年間以上継続しているのは１割ほどに思います。つまり、１年以上継続していれば、自ずと上位に入れるということです。

自分で撮影・編集・アップロードするのが難しい場合には、専門プロデューサーや運用代行に一度相談してみるのもひとつの手です。何でもかんでも全部自分（自社）でやろうとするのは、うまくいかない人の典型でもあります。

◎本業を忘れて「有名人きどり」は大きなツケが回ってくる

いいね数、フォロワー数、再生回数は、ある種「麻薬」のような力があります。フォロワーやいいね数、再生回数が増えると、ちょっといい気分になりますよね。そして、「自分はみんなから支持されている」「世の中から認められている」「自分はみんなの憧れの存在だ」「自分の話は何でも聞いてくれる」と万能感を抱くようになります。なかには、「有名人きどり」する人も。マーケティングの専門家のはずなのに、恋愛や政治、株など、自分の専門分野以外のことにも手を出しはじめるのです。

専門知識がないのに、「LIVE相談会」を開催するのも大きな特徴です。TikTokはフォロワー主義ではありませんから、あまり好意的でない人たちもレコメンド経由で参加します。あなたが答えに詰まるような質問や相談をされる、という展開に見舞われることも。自分のファンもいる手前、「わかりません」とは言えず、いい加減なことを上から目線で発言し、炎上することもしばしばです。このように、専門外のことに手を広げすぎると、自分で自分の首を絞めることになりかねないのです。

ビジネス系TikTokでは、自分の「守備範囲」はしっかりと定めましょう。自分ができることとできないこと、自分が進むべき方向を見誤ってはいけません。成功している経営者や起業家の方たちには必ず、自分をコントロールする「自己操縦力」

があります。

狭い分野での専門家でも十分稼ぐことができます。実際、私の周りにも有名ではないのに、年商1億円を超えている起業家は実に100人以上はいます。みんな、自分のテリトリーをしっかりと守り、専門分野に集中することで信頼をがっつりつかみ、視聴者を見込み客→顧客→ファンへと確実に昇格させています。手広くやろうとするより確実な方法です。

◎動画の分析をサボると、届けたい人に情報が届かない

映画やテレビでは、「制作費〇〇億円！」など、作品に大金が投入されたことがよく話題になります。一般的に映画やテレビの場合、企画制作費をかければかけるほどヒットの可能性が高まる、視聴率が稼ぎやすいと言われています。YouTube

も事情は似ていて、世界的に人気のYouTuberなどは会社組織で各担当に専門家を配置し、巨額の予算を投入して制作しています。

TikTokの場合ははっきり言って、制作コストと売上は比例しません。制作に費用や時間をかけたからといって必ずしも多くの人がキャッシュポイントまで進んでくれるとは限らないのです。

TikTokは短尺動画のため、プロと素人の差が出にくいです。最近のスマートフォンの録画機能や編集アプリのクオリティは格段によくなっているので、素人でもそれなりにいいものがつくれるのです。

つまり、資金や人手が限られた中小ベンチャー企業、個人事業主でも、資金や人手が潤沢にある大企業と対等に勝負できる可能性がTikTokにはあるということです。

では、より売上の上がる動画をつくるためにはどうしたらいいでしょう?

そのためには、動画を投稿したらインサイト機能を使った「動画の分析」を必ず行いましょう。第4章でご紹介したOODAを活用し、想定外の状況を見つけたらすぐにやり方を修正し、間髪入れずにやり直すのです。

インサイト機能では、いいね数、平均視聴時間、動画をフル視聴、おすすめ視聴数などを見てください。毎日データを見ると対策を考えやすくなります。

なかでも、一番に見てほしい項目は**「プロフィール閲覧数」**です。この数字は視聴者がリンクを踏んでくれる「予兆」を表すものです。プロフィール閲覧数が高ければ、キャッシュポイントへの導線づくりがきちんとできていることになります。もし、突然この数値が高くなったときは、何が要因なのか？を調べてみましょう。たとえば、おすすめの割合が増えた、知らない誰かがシェアしてくれた、動画の内容がいつもと違ったなど、何らかの原因があるはずです。原因を把握し、それを再現できるのが成功の秘訣です。

「いいね！」はされているのに、プロフィールが見られていなければ、視聴者が「誰が動画を投稿しているのか？」に興味を持っていない、ということです。この場合、動画の内容が一般的で「あなたらしさ」（属人性）を感じていないと考えられます。「どんな人物がこれを語っているのだろう？」と思わせるような独自性や特徴のある内容、視聴者の役に立つ内容を心がける必要があります。

また、レコメンドされている相手が違っている可能性もあります。その場合はハッシュタグが適切であるかどうか？を見直しましょう。繰り返しになりますが、ハッシュタグはＴｉｋＴｏｋ ＡＩに「動画の内容は何か？」を知らせることが役割です。ＴｉｋＴｏｋ ＡＩに内容がきちんと伝えられているか？を考えてみましょう。

そして、投稿頻度も見直しましょう。もし投稿を週１回行っているなら、週２回に増やしてみるのもいいでしょう。

「結果」は「原因」がつくります。

インサイト分析からあなたの「勝ちパターン」を早く見つけましょう。それが成功を加速させてくれる秘訣です。

◎ＴｉｋＴｏｋに「かわいがられよう」

ＴｉｋＴｏｋを活用して儲けようと思ったら、ＴｉｋＴｏｋを上手に活用することです。そのためには、まず**TikTok（TikTok AI、そして運営会社であるバイトダンス社）に嫌われないこと**です。TikTokにとって「よいユーザー」であり「よいクライアント」になるのです。

TikTokにとっての「よいユーザー」とは、**長時間さまざまな動画を視聴して、コメントを書き込むなどの一般視聴者として**です。でも、それだけでは足りません。「よいクライアント」にもなる必要があります。「よいクライアント」とはお金を使う人。広告費やプロモート費を支払ってくれる人のことです。**TikTokの「広告主」になりましょう**。

広告主といっても、テレビCMとは異なりTikTokの場合は1日300円からなれますから、さほど負担にはならないはずです。TikTokの成長期にある今、お金を支払って開発費や運営費に協力してくれる人は、TikTok運営側にとって間違いなくありがたい存在で、大切にしたいと考えるはずです。

絶対にやってはいけないのは、規約違反、そして非アクティブユーザーになることです。規約違反については、次の項目で詳しくお話しします。

◎知らないうちに「規約違反」や違法行為を犯していませんか？

ＴｉｋＴｏｋにかわいがられましょう、という話をしましたが、嫌われる行為の最たるものが「規約違反」です。ＴｉｋＴｏｋは手軽にはじめられる反面、知らぬ間に違反をしてしまいがちなので注意が必要です。

一番やりがちなのが**「知的財産権違反」**。特に楽曲や映像などの著作権違反、そして名称やフレーズ、ロゴを勝手に使う商標権違反などです。

また、売上目的のビジネス系ＴｉｋＴｏｋの場合、**「商用利用」が禁止**されているアプリを使うことも規約違反になります。たとえば、ＴｉｋＴｏｋの運営会社が無料提供し、多くのユーザーを有する「ＣａｐＣｕｔ」という編集アプリは、営利目的での使用が禁止されています。

そのほか、撮影場所や撮影対象、創作物の利用などは、動画を制作する際にその使用の可否や条件を確認しましょう。必要であれば、弁理士や弁護士に相談するのが無難です。私は顧問弁理士と顧問弁護士を雇い、わからないことがあれば都度確認するようにしています。

これらの違反を犯すと、ＴｉｋＴｏｋの運営側からＢａｎ（アカウントの凍結）されたり、ペナルティを科されたりします。さらにエスカレートすると、民事や刑事罰が科せられることもあり得ます。特にビジネス系ＴｉｋＴｏｋの場合はいち個人ではなく「事業者」としての違反、言わば「お金儲けのための規約違反・法律違反」とみなされますから、事態は深刻です。エンタメを楽しんでいるだけの個人の違反とは重みが違うということです。

したがって、ビジネス系ＴｉｋＴｏｋをはじめる前には、必ず「コミュニティガイドライン」（https://www.tiktok.com/community-guidelines?lang=ja）を一読し、理解しておきましょう。「ほかの人もやっているから大丈夫だろう」という軽い気持ちが大きなトラブルにつながりかねません。自分を大切に守るためにも、事前にルールを知っておいたほうがいいでしょう。

第９章

ビジネス系 TikTok で圧倒的売上加算！
飛躍、そして躍進へ

◎起業後すぐに月商100万円超は夢じゃない！

中小企業白書（2014年）によれば、起業3年目で年商1000万円以上稼いでいる人は全体の約4割にのぼります。（図7）意外と多いですよね。実際、インターネットの普及によってひとりで完結できることが増え、やり方次第で月商100万円を得ることは十分可能になりました。

月商100万円を達成するには以下の6つが重要なポイントとなります。

1. コンセプトメイクとビジネスモデル構築（仕組みづくり）
2. ターゲティングとブランディング
3. 初志貫徹のど根性マインド
4. 高価格の値付けとキャッシュフロー

5．売れるサービスや商品を売る
6．集客には、結果を出せる有利なツールを選択する

これらは、本書でお伝えしてきたことです。

そして、今、「結果を出せる有利なツール」と言えば、しつこいようですがＴｉｋＴｏｋです。本書を読んで**ＴｉｋＴｏｋをしっかり活用できたら、月商１００万円超えは決して夢ではありません。むしろ普通のレベル**です。


実際、私のクライアントで20歳の男性もＳＮＳ運用代行業をはじめ、１年目の後半から月商１００万円超を手にすることができました。

彼は右記の６つをしっかりと事前準備しました。まず、ターゲットを「お金はあるけれど、ＳＮＳの知識に乏しく、自分で運用できない人」に絞りました。月30万円の案件を３件受注できたら、月商１００万円近くになります。そのために、「必要なことは全部やる！」と決意して取り組みました。借入して多額の集客資金を用意し、集中的にＴｉｋＴｏｋでプロモートを行い、これが功を奏しました。

一方、13・7%の人が起業3年目で年商100万円以下という現実もあり、倒産も多く起こっています。その原因となるのが、販売不振、これまでやってきたことのしわ寄せ、放漫経営、過小資本、連鎖倒産などです。

これらのことを「反面教師」にし、反対のことをやるよう心がければ、大きな失敗はしません。つまり、集客とセールスに注力する、好きだけど成果が出にくいことは執着せず手放す、固定費の支出を極力抑える、キャッシュフローを回し続ける、代金回収をしっかり行なう、取引先とは適度な距離を取ってつき合い、TikTokを活用することで、当然のごとく経営はうまくいきます。

第3-2-35図　起業後の売上(年商)

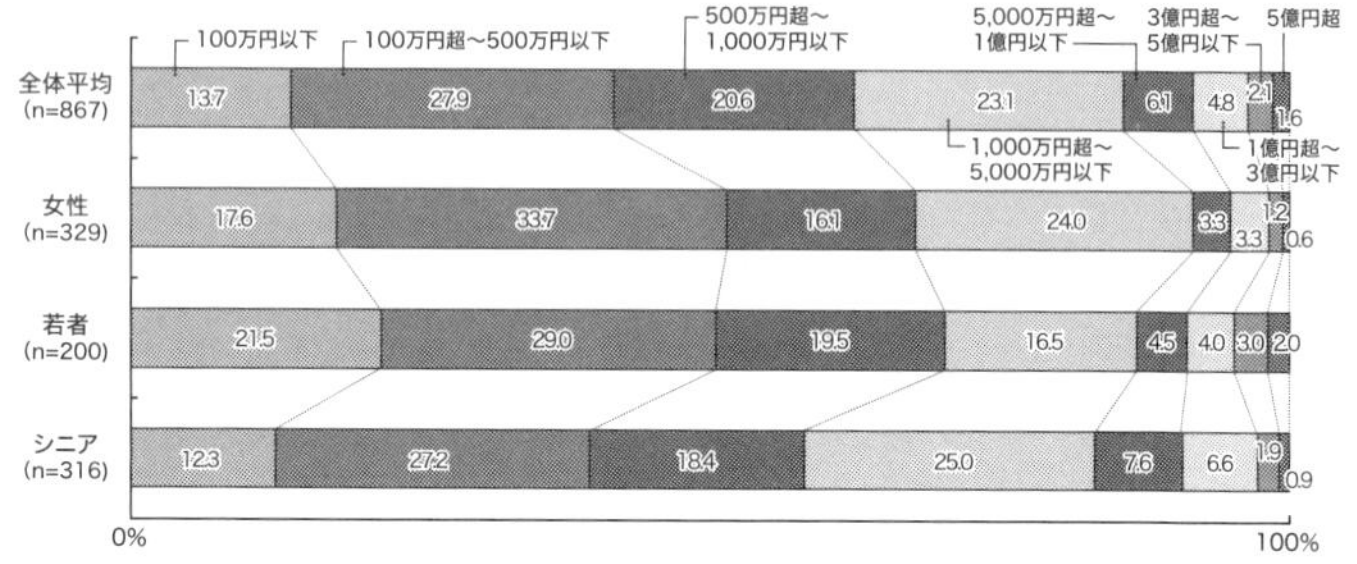

資料：中小企業庁委託「日本の起業環境及び潜在的起業家に関する調査」(2013年12月、三菱UFJリサーチ＆コンサルティング(株))
(注)起業後については、起業してから3年後とする。なお、起業して会社が継続しているが、3年が経っていない場合は、現在の売上とする。

図7　出典：中小企業白書（2014年）

◎1000のビジネス系TikTokの動画を制作して見えたこと

これまで1000以上のTikTok動画制作をしてきて、見えたことがあります。そのひとつが、多くの中小企業の経営者や国家資格などを持っている師士業の方がTikTokやSNSについてのとんでもない「思い込み」をしているということです。

たとえば…、

● 自分の会社の事業は地味なので、TikTokやSNSには向いていない。
● 動画の制作は素人には無理。高価なカメラや照明、編集機器などが必要なはず。
● TikTokやYouTubeは、若者の「お遊びツール」に過ぎない。

これらは大きな勘違いです。もしかすると、「だから、やる価値がない」と負け惜しみを正当化しているのかもしれませんね。

これまで何度もお伝えしてきましたが、**どんなに地味な業種でも、TikTokはビジネスに役立ちます**。

そして、動画のクオリティはとにかく「並」でいいんです。ですから、高価な編集ソフトや撮影機材をそろえる必要はありません。最初はスマホがあれば十分です。ただし、必ずＴｉｋＴｏｋ専用の動画を制作しましょう。ＹｏｕＴｕｂｅ動画を再編集する「使い回し」は厳禁です。使い回しても効果が出るのは有名人だけだからです。

それから、ＴｉｋＴｏｋは何のために存在しているか？を知らない人も多いです。勝負に勝てるのは、「ルールをつくった人」と、「ルールを理解しうまく活用した人」だけ。ＴｉｋＴｏｋで勝つにはＴｉｋＴｏｋのルールを知っておきましょう。ＴｉｋＴｏｋの世界観を知ることとも言い換えられます。

ＴｉｋＴｏｋは、「モバイル向けのショート動画プラットフォーム」で、「創造性を刺激し、喜びをもたらすこと」をミッションにしています。つまり、あなたは自分の専門分野でターゲットの創造性を刺激し喜びをもたらせればいいのです。これがあなたのＴｉｋＴｏｋでのミッションとも言えるでしょう。

周りの流行りなどに振り回されず、ＴｉｋＴｏｋのルールに従いながら、「あなたらしく」「あなたならでは」をおおいに発揮しましょう。

◎「やり直しなく、着実に」がコストもストレスも下げる

「思い立ったが吉日」「即レスする人が成功する」「考えるな！行動せよ」とよく言われますが、ことビジネス系TikTokにおいては、**考えずに行動するのは非常に危険**です。一番多いのが、「規約違反」です。我流の思い込み、ひとりよがりで動画を制作したりプロフィール設定したりすることで違反となり、投稿が許可されなかった、ペナルティを食らった、Banされた例も数多くあります。

TikTokでは「暴力」と「いじわる」は絶対に禁止です。たとえば、「あなたはマスク美人ですね」「おまえ、バカか！」という言葉は「いじめ」や「誹謗」にあたり、アウトです。

そのほか、「必ず儲かる」「大儲け」もよくありません。「儲かりますよ」と言葉巧みに誘い込む詐欺師が暗躍しないための制限です。

「マネタイズ」は今のところOKです。

いずれにしても、ルールを理解せず、思いつきで準備もせず、勝つための道筋も見出さずにいきなり動画投稿をはじめるという行為は敗者決定です。

「うまくいかなかったらやり直せばいいのでは？」と思うかもしれませんが、手間やコストが積み上がります。再度アカウントのコンセプトメイクをやり直し、ターゲット、値付け、商品やサービス、すべて一から考え直す必要が出てくるからです。場合によっては、法人をつくり直す必要さえあるかもしれませんし、資金調達する必要にも迫られるでしょう。

また、既存のアカウントをてこ入れする方法もおすすめしません。一度ＴｉｋＴｏｋ ＡＩに「イマイチ」なアカウントだと評価されると、その後レコメンドされにくくなるなど、十分機能しなくなります。新規でアカウントをつくると、はじめは１００から２００回は再生されますが、一度「ダメ」の烙印を押されるとそれすら再生されなくなってしまうことも多いです。アカウントの増改築に時間をかけるくらいなら、既存のアカウントを削除して、新たにアカウントを新築したほうがいいのです。

私がすすめる一番の方法は、「やり直しなく、着実に」。「急がば回れ」ということわざがありますが、しっかりと事前準備を整えてからはじめるほうが、結果的には大失敗しませんし、ムダも激減します。

◎YouTube、Instagram、Twitterに乗り遅れた人ほどうまくいく

「SNSには乗り遅れてしまった、周回遅れだからもう無理かもしれない…」と半分あきらめ気味の人もいるかもしれません。

でも、安心してください。声を大にして言います。

YouTube、Instagram、Twitterなど、ほかのSNSに乗り遅れた人ほどTikTokで成功しやすいです。

誤解を恐れず言うと、「既存のSNSに毒されていない」からです。

たとえば、ＹｏｕＴｕｂｅで多少うまくいっている人は、その成功体験をＴｉｋＴｏｋに持ち込もうとします。「ＴｉｋＴｏｋはＹｏｕＴｕｂｅの短いやつでしょ？」という考えがあるので、ＴｉｋＴｏｋの特性や規約などを丁寧に調べようともしません。ＹｏｕＴｕｂｅ動画を短く再編集してＴｉｋＴｏｋに投稿しているケースは多々見受けられます。それで成功しているか？と言えば、残念ながらうまくいっていません。

でも、乗り遅れ組は姿勢と意気込みが違います。「今度こそＴｉｋＴｏｋを使いこなそう」「ＴｉｋＴｏｋ売れを勝ち取ろう」という情熱があります。そして、変な予備知識がないまっさらな状態で、一からＴｉｋＴｏｋを学びそれを素直に実践しようとします。成功体験がないからこそ謙虚になれる。そして、先輩成功者のやり方を素直に聞き入れ、取り入れることができる。これらがすべて有利に働きいい方向に進んでいくのです。

ですから、これからＳＮＳを活用しようと考えている人はどうかあきらめないでください。今までやってこなかったことが、逆に長所になるのです。「実は勝利への近道を手に入れた！」と希望を持って闘いましょう。実際、私はＹｏｕＴｕｂｅでもＩ nstagramでもTwitterでも勝てていませんでした。既存のSNSの乗り遅れ組だったのです。でも、TikTokではその特性を知り、「勝利の方法」を実践したことで、あっさりと勝つことができたのです。

◎ビジネス系TikTokなら、TikTok以外にも応用が利く

SNSが盛り上がっている時期、つまりアクティブでいられる「寿命」は10年もないのではないでしょうか。かつて、Google+やmixiが盛り上がりを見せましたが、今ではほぼ聞きません。Facebookもかつての勢いはありません。

一世を風靡したYouTubeの勢いが衰えるとは、2、3年前には誰も予想もしなかったでしょう。ですが、YouTubeの広告収入は激減、人気YouTuberの動画も軒並み視聴回数が減り、収入が10分の1に減少した人もいるといいます。廃業

した人も多くなっています。

一方、ＴｉｋＴｏｋは日本に上陸して5年、盛り上がりを見せてからは2年程度、まだ成長中で勢いのあるＳＮＳです。私が今ＴｉｋＴｏｋを利用しているのは、成熟しきっていない今だからこそ参入するメリットがあると考えているからです。

あなたも、ＴｉｋＴｏｋが最盛期を迎える前である今の時期に参入し、しっかりとキャッシュポイントにたどり着くまでのお金を儲けられる導線づくりをつくっておきましょう。そうすれば、最盛期に達したときには、お金がチャリンチャリンと自動的に入ってくる仕組みになっているはずです。

そして、ビジネス系ＴｉｋＴｏｋの最大の強みは、ＴｉｋＴｏｋ以外にも応用が利くということです。ＴｉｋＴｏｋで成功しておけば、たとえＴｉｋＴｏｋの勢いが落ちて次のＳＮＳが台頭してきても焦る必要はありません。同じ手法をそのＳＮＳに当てはめればいいだけだからです。ビジネス系ＴｉｋＴｏｋでは、まず「導線づくり」をし、次にツール（本書ではＴｉｋＴｏｋ）を理解します。このツールを次のＳＮＳに変えればいいのです。そのＳＮＳの特性や仕組みを調べ、それに合わせアレンジすればいいくらでも乗り換えられますし、何が来ても乗り越えられます。

◎全世界10億人!　成功する事業者を増やして日本を元気にしたい

TikTokは立ち上げからたった4年間で10億人以上のユーザーを獲得しています。YouTubeやInstagramにも10億人以上のユーザーがいますが、到達するまで10年近くの歳月がかかっていましたから、TikTokは2倍のスピードで急成長したということです。ちなみに、Twitterはいまだ10億人に達していません。

TikTokの公式ページには、次のように書かれています。

More than 1 billion people around the world now come to TikTok every month to be entertained as they learn, laugh, or discover something new.（Sep 27, 2021）

現在、世界中で10億人を超える人々が毎月ＴｉｋＴｏｋにアクセスし、何か新しいことを学んだり、笑ったり、発見したりして楽しんでいます。（２０２１年９月27日）

「Ｉｎｓｔａｇｒａｍは知性がない、Ｔｗｉｔｔｅｒは民度が低い、ＴｉｋＴｏｋは知性も民度も低い」と言われます。何でもそうですが、感度が鋭いオタクやプロだけに留まることなく、素人にも支持されることこそ、市場が広がる一番の要因です。まさにＴｉｋＴｏｋの「何でもあり」なところが世界中の人たちを虜にしたのでしょう。

このようにグローバルコミュニティ化しているＴｉｋＴｏｋは、今後グローバル市場として活用できるはずです。ですから、少し海外を意識した投稿をしてみるのもいいかもしれません。たとえば、動画に英語や中国語などの外国語のテロップを添えるのもひとつです。インドは人口世界一で勢いがありますから、インド市場を見据えて、英語のテロップでインドのことを含めた話をするのもありではないでしょうか。

国境や肩書きを軽々と越えて世界中の人たちとつながれるのがＴｉｋＴｏｋのいいところです。それにＴｉｋＴｏｋは短尺動画なので、ほかのＳＮＳより気軽に見ることができますし、文字や言葉がわからなくても雰囲気でなんとなく内容を理解することができます。実際私は、インド人が登場する英語やヒンディー語の動画をフォローして閲覧しているのですが、最近は逆に私の動画にインドの方からのリアクションが届くようになりました。また、インド人の料理人の方には、東京の美味しいインドレストランを教わりましたし、ちょうど私と同世代のインド人ＩＴ社長からは、観るべきインド映画を英語と片言の日本語で教えてもらったこともあります。

先日、ウクライナ大統領のゼレンスキーさんのアカウントが私のアカウントにレコメンドされたので、彼のＬＩＶＥ配信を閲覧したこともありました。日本にいながらにして、世界を本の知識やメディアの報道ではなく、自分の肌感覚で身近に感じることができるようになったのです。

最近はＴｉｋＴｏｋでも生中継の「ＬＩＶＥ配信」が盛り上がっています。ＬＩＶＥの醍醐味は、なんといっても双方向の同期コミュニケーションです。配信者と閲覧者が同じタイミングで会話できるので、盛り上がりは別格です。今後は、このＬＩＶＥ配信を利用して商品やサービスの説明、販売を行ったり、セミナーや講座を開催したりすることが、日本でも一般化するかもしれません。

いずれにしても、対象となるエリアは日本国内だけではなく「世界」です。世界の10億人を相手にすることを見据えて、納品や決済方法、規約上の課題などを今から考えておくのもいいでしょう。

このように、ＴｉｋＴｏｋを活用すると、ビジネスの可能性は無限に広がっていきます。そこでは、会社の規模や場所はまったく関係ありません。

中小企業でもベンチャー企業、個人事業主でも、いくらでも勝負できるし、成功できるということなのです。

あとがき

ここまで読んで、ＴｉｋＴｏｋへの思い込みは外せたのではないでしょうか。
「若者のおもちゃ」、「おちゃらけた人達だけのエンタメツール」、「ビジネスといっても副業程度にしか稼げないメディア」、これらのすべてが思い込みで、勘違いだったということをわかっていただけたと確信しています。

ＴｉｋＴｏｋは私たちはもちろん、あなたにとっても、「道具（ツール）」に過ぎません。ほかの稼げると宣伝されているＳＮＳも最近のＡＩツールもまさに道具です。それは、経営者交流会やコミュニティ、講座や書籍でも同じことです。道具は道具であって、その道具をうまく使いこなせた人だけが、よい結果、欲しい成果を得られるのです。

ＷＢＣで大活躍した大谷翔平選手と同じバットとグローブを使いはじめても、すぐに大谷翔平選手のようにはなれませんし、最新のＭａｃ ＢｏｏｋＰｒｏやｉＰｈｏｎｅ

を買っただけでは、ガンガン儲かるセールスメッセージを書けるようにならないのと同じです。ＴｉｋＴｏｋでも同じですから、「物事の本質を見抜く力」をぜひ、養ってください。

『ドラゴン桜』（三田紀房作）で、「東大がいちばん求めている力は、どれだけ本質を考える力があるかだ」というセリフがありました。

また、京セラの稲盛和夫さんは、「ものごとの本質をとらえるためには、実は複雑な現象をシンプルにとらえなおすことが必要なのです。事象は単純にすればするほど本来の姿、すなわち真理に近づいていきます」と語られていました。

ＴｉｋＴｏｋの本質は、本文でもご紹介したミッションから類推することが可能です し、ＴｉｋＴｏｋの「仕組み」を理解することでもわかってきたことでしょう。

本質を見抜くには、体力が必要です。なぜなら、集中力と執念を土台に物事をよく観察し、仕組みや構造を把握し、クリティカルシンキング（批判的思考）をして、さらにしつこく深く考える癖を付けなくてはいけないからです。

本書を読んだだけでは、1円も売り上げることはできません。実際に、やり切った人だけが勝ちます。


ネットマーケティングではどんな人が勝つか?

その答えは、早くはじめて、長く続けている人です。やり切れる人には、必ず「気合と根性」があります。


ただ最初の着手は、何をやるにも大きなハードルです。

私、大石はスキューバダイビングをよく沖縄でやっているのですが、初心者がつまずくポイントは、水面から水中へ潜る潜行で、まさに最初の取っ掛かりの部分です。

正しい姿勢で適切に息を吐いていけば、自ずと潜れてしまいます。でも、うまく潜行できないからと、挫折する人は少なくありません。

「正しい知識と適切なガイド(指導者)」の不足がその理由です。

共著のもうひとりの著者の杉本幸雄先生とは、そもそも師弟関係でした。起業前から経営のイロハを教わっていて、とにかくこれまでの人生を活かすことと、そして時流に乗ることがビジネスを成功させる秘訣だということで、私は会計処理事業（経理部のミカタⓇ）に加えて、2年ほど前からＴｉｋＴｏｋ事業（短尺動画コンサルタント™）をスタートさせました。杉本幸雄先生に出会っていなかったら、私がＴｉｋＴｏｋのスキルを指導者レベルで「やり直しなく、着実に」会得することはなかっただろうと思います。まさに、ガイドによって正しい知識や技術を叩き込まれたという訳です。

結局のところ、いい道具が目の前にある、いいタイミングに遭遇していたとしても、あなたが自ら、主体的に手を伸ばして「Ｇｅｔ（得る）」して、自分の可能性を拡張させるか、ジャストルッキングして現状に留まっているかは、「あなた次第」です。

あなたのことは、あなたにしかできません。

いいかい!!
もっとも「むずかしい事」は！
「自分を乗り越える事」さ！

ぼくは自分の「運」をこれから乗り越える！（岸辺露伴）『ジョジョの奇妙な冒険』より

何事も、あなた次第です。

あなたの成果や状況は、あなたの時間とお金の使い方で決まってきました。これからもそうです。

もしあなたに、ほとんど経験と実績がない場合は、時間と情熱を集中投下して、今度こそ経験と実績をつくってしまうべきです。私たち二人は、あなたを応援しています。

文末になりましたが、このような新しいソリューションの書籍を執筆・出版できましたのは、潮凪洋介様、柴田恵理様のお力添えなくては実現しませんでした。

そして大石からは育ててもらったお母さん、協力を惜しまず注いでくれた主人、子どもたちへも感謝申し上げます。また、ビジネスの基盤づくりを担ってくださった彦坂康太郎様、杉本幸雄先生をつないでくださった石渡桂子先生にも御礼申し上げます。

杉本からは、本当に自分以外みんなが先生ですから感謝は言い尽くせないのですが、普段陰ながらに支えてくれている方々、私に起業のイロハを教えてくれた松尾昭仁先生には感謝を忘れたことはございません。

「みんな！　今日も安全に！　健やかに過ごしてください。イライラ、メソメソは身体にも悪いですよ。」とにかく、どうにかして自分の人生を「これでよし！」と言えるように創っていきませんか。

そして、気軽に「大石ももこ」「杉本幸雄」のＴｉｋＴｏｋやＴｗｉｔｔｅｒ、Ｆａｃｅｂｏｏｋをご覧ください。何かあればダイレクトメッセージもお待ちいたしております。

●【付録コラム】

TikTokマーケティングが成功している有名ブランド

TikTokを活用して、すでに効果を得ている有名企業もあります。それは、東京の大企業ばかりではありません。地方の中小企業がTikTok発信を通じて、海外でも有名になったというケースもあります。

参考になるところも多いので、ぜひ研究してみてください。コツは、フォローして実際に視聴し、コメントを書いて、発信者ばかりでなくユーザーともコミュニケーションすることです。その実際の体験の中から学びは必ずあるはずです。

●スターツ出版（スターツ出版文庫） @stabunko

3カ月で7・5万部増刷、なぜか4年前に発売された小説『あの花が咲く丘で君とまた出会えたら（スターツ出版）』爆発的に「TikTok売れ」した。

まったく目をつけていなかった「ＴｉｋＴｏｋで本を売る」戦略は、口コミでしか若者に本が売れないといっても過言ではない現在、ＴｉｋＴｏｋが世界中に伝播する「新たな口コミ」となっていたとのこと。

「過去にＴｉｋＴｏｋで話題になった本にも、ＴｉｋＴｏｋのロゴを入れたり、書棚にポップを置いたりしたところ、売れ行きが飛躍的に伸びたという書店員さんからの報告がある。書店を救うのはＴｉｋＴｏｋのロゴなんです」（ＴｉｋＴｏｋ公式サイト、インタビュー記事より）リンク先は、コンテストサイト。「きみの物語が、誰かを変える。小説大賞」

●ロート製薬　@rohtotiktok

目薬だけでなく、「肌ラボ」や「スキンアクア」などでお馴染みのロート製薬公式アカウント。公式Ｖｔｕｂｅｒの「歌ってみた」、人気の楽曲やハッシュタグを投稿に使用している。お手本としたい点は、メーカー目線ではないユーザー視点での投稿。コメントへの丁寧な対応も。リンク先は、商品情報サイトを設定。

●長崎バイオパーク　@nagasakibiopark

コロナ禍の２０２２年の来園者数は、ここ15年間で過去最多。

TikTokは海外向けに発信、YouTubeは国内向けという戦略で、TikTokのフォロワーの93％が海外在住者とか。動物の世界にお客様がお邪魔するスタイルの動物園。スイカを丸ごと食べるカバの咀嚼音や露天風呂に入るカピバラなどの動画が人気。TikTok LIVEで日本初の「カバのお風呂づくり生配信」もスタート。

リンク先は、YouTube。

●大京警備保障　@dkykeibi_tokyo

東京西新宿の警備会社。TikTokコンサルにも進出。

50代部長が若者に「おじキュン」と評判。社長がわたあめづくりや踊りなどさまざまなことにも挑戦。「投稿する動画にはツッコミどころが大切」だとしている。

警備業界へのネガティブイメージの払拭を目指すのも目的のひとつ。コロナ禍で仕事に困っている人に向けてPR動画も配信し、採用活動にも利用。

リンク先は、オリジナルグッズの販売ページ(ヴィレッジヴァンガードのネット通販サイト)。

●資生堂（ビューティージャーニー）　@shiseido.beauty.journey

資生堂パーソナルビューティーパートナーが美容情報を発信。資生堂では、ブランド別にアカウントを設け、印象も運用方法も異なる。

TikTokはイベントに参加しやすい土壌があり、アネッサは「#アネッサおうちで夏フォトチャレンジ」で2021年上半期投稿されたイベントNO.1に。TikTokユーザーがブランドエフェクトを使用して投稿した動画の投稿数は7600回以上。アネッサの日焼け止めの特徴である肌を明るく見せる「トーンアップ機能」を、エフェクト機能でエア体感を促した。リンク先は、Instagram。

●ANA　@ana_allnipponairways

空港での日常や新しいサービスを紹介する動画をほぼ毎日投稿。

社員総出演で160万再生を記録。撮影、編集ともに社員が行い、親近感のある内容に。

普段見られない、裏方の仕事の様子なども見られるほか、JALとのコラボ企画も。

「採用アカウント」としても活用。リンク先は、公式ホームページ。

●ドミノピザ　@dominos_jp

2019年9月に参入、TikTokならではの情報発信を行っている。

ドミノピザグループの社長が動画に登場でバズったことも。テンポのよいBGMにのせて、ピザをつくる工程を見せる内容。インフルエンサーも活用してエンタメ要素が強く、彼らのキャラクターを活かす動画が好意的に受け入れられている。

飲食店のお手本になるユニークな動画コンテンツが多数あり。

リンク先は、公式サイトおよびアプリダウンロードサイト。

●ほっともっと @hottomotto_com

素材のシズル感を全面押し。

おいしそうな完成品→つくっているところ→盛りつけの流れ。冒頭の問いかけの文言や、BGMとの相性がよく、フル動画視聴されやすい。

コメント欄でユーザー同士のやり取りを活発化させて、自社へのエンゲージメントを強化。

お手本にしたい点は、動画のシズル感とコメント欄の活用。

リンク先は、公式ホームページおよびアプリダウンロードサイト。

ありがたい読者さまへ
特別な３大プレゼント

特典1　限定公開　スペシャルTikTok【完全無料】動画

チャンネル名　「書籍特典大石ももこ杉本幸雄 TikTok」

https://www.tiktok.com/@tokuten212124

チャンネルをフォローして頂くと視聴できます。コメント欄に感想をお願いします。

- TikTok集客で絶対にやっちゃイケナイ5選
- ビジネス系TikTokで最も重要なこと
- 結局、編集アプリは何を使うのが一番か？
- 投稿する時間帯は何時がいいか？
- お金になりやすい動画のテーマは？
- TikTok運用、本当に気を付けて欲しいこと
- そのほか
- 特典２・３を受け取るためのパスワード

※内容は予告なく変更する場合があります

特典2　本書に収載しきれなかった原稿をご覧いただけます

https://tiktoker-mikata.com/213/

※パスワードは特典１の動画内にございます。

特典3　TikTok 集客勉強会特別優待権

※特典プレゼントは予告なく終了となる場合がございます。あらかじめご了承ください。

著者の大石ももこ、杉本幸雄が主催するお試しコンサル、勉強会や講座などへのご参加可能です。（1名さま1回限り）

※お申込みの際に【特典3】とお伝えください。

※他社さま主催には使用不可

※図書館等の貸出では特典プレゼントは出来ません。

※本特典の提供は、大石ももこ杉本幸雄が実施します。販売書店、取扱図書館、出版社とは関係ございません。

お問い合わせは https://tiktoker-mikata.com/contact/ からお願いいたします。

大石　ももこ（おおいし・ももこ）

短尺動画コンサルタント

ショート動画のミカタ 代表 / 株式会社経営のミカタ　代表取締役

1982年生まれ。熊本県出身。士業・師業・各種コンサルタント・経営者の集客UPに特化したTikTok動画制作を行う。「フォロワーが少なくても、バズらなくても、本業が儲かるTikTok活用」を啓蒙。 静岡、東京、名古屋において、TikTokセミナーを100回以上開催。 1,000以上のビジネス系TikTok動画制作に携わり、最短で、支援開始50日で、クライアントの1,000万円以上の売上加算実績を持つ。

杉本　幸雄（すぎもと・ゆきお）

ビジネス系ショート動画プロデューサー。通称「１１０億円売った魔術師」。

ネット通販の魔術師合同会社代表社員 /「億男塾」主宰

1969年生まれ。明治大学農学部出身。マーケティング業界25年、ネット販売指導18年の経験を持つ。ビジネス系TikTokでは難易度の高い、3カ月1万人フォロワー、1日10万再生超え、1,000万円以上のマネタイズ を成功させるノウハウが強み。

誰《だれ》でもできる「TikTok集客《しゅうきゃく》」基本《きほん》マニュアル

2023年7月6日　　初版発行

著　者　大　石　も　も　こ

杉　本　幸　雄

発行者　和　田　智　明

発行所　株式会社　ぱ る 出 版

〒160-0011　東京都新宿区若葉1-9-16

03(3353)2835−代表　03(3353)2826−FAX

03(3353)3679−編集

振替　東京 00100-3-131586

印刷・製本 中央精版印刷(株)

ISBN978-4-8272-1385-0　C0034